不稳定的自尊

女性的自恋人格与自卑感

[德]贝贝尔·瓦德茨基(Bärbel Wardetzki)——著
陈国鹏 赵书荣——译

中国友谊出版公司

图书在版编目（CIP）数据

不稳定的自尊 ：女性的自恋人格与自卑感 / (德)
贝贝尔·瓦德茨基著 ；陈国鹏，赵书荣译. -- 北京 ：
中国友谊出版公司，2022.11
ISBN 978-7-5057-5561-1

Ⅰ. ①不… Ⅱ. ①贝… ②陈… ③赵… Ⅲ. ①女性—
自尊 Ⅳ. ①B842.6

中国版本图书馆CIP数据核字(2022)第161334号

著作权合同登记号 图字：01-2022-4534

书名 不稳定的自尊：女性的自恋人格与自卑感
作者 [德] 贝贝尔·瓦德茨基
译者 陈国鹏 赵书荣
出版 中国友谊出版公司
策划 杭州蓝狮子文化创意股份有限公司
发行 杭州飞阅图书有限公司
经销 新华书店
制版 杭州真凯文化艺术有限公司
印刷 杭州钱江彩色印务有限公司
规格 880×1230毫米 32开
10.25印张 197千字
版次 2022年11月第1版
印次 2022年11月第1次印刷
书号 ISBN 978-7-5057-5561-1
定价 68.00元
地址 北京市朝阳区西坝河南里17号楼
邮编 100028
电话 （010）64678009

目　录

第一部分　女性自恋

第二部分　我们早年学到的东西，以后可能会成为问题

第三部分　一种极端的生活

第四部分 治疗、自助和自我疗愈

附录

序言

心理疾病不仅会发生在个体身上，而且也会表现出一种集体性的特征。可以这么说，我们的时代被称为自我中心的时代，简单地说，也就是自恋的时代。但是，自恋不仅是以自我为中心式的环绕，更是一种更深入地对于自我和极限的探索。另一个中心点是，自恋者渴望一种正常的状态和更安全可靠的界限，来消除无边无际的慌乱状态，这种渴望标志着我们所在的现代的生存感受。不仅我们的生态资源，我们的心理、身体和精神资源都是有限的，这些都迫使我们学会克制，学会节制。

面对社会和生存环境时，具有自恋性格特征的人会对自身有一种典型的极端态度和行为。多少现代受害者以一种情绪毁灭的形式来表达对于自己的认可，来体现自我的成就和事业。强迫性的完美主义、十全十美的外形、奢侈的生活习惯是过分追求金钱价值的新体现，我们为之筋疲力尽。

由于骄傲自大，我们对什么都很“自负”，直到到达一种暗藏危机的崩溃状态。这种崩溃迫使我们停下脚步，进行自我疗愈，找到自己的边界，并与自身局限性和解。“要么一流，要么不入流”的口号是对过激生活的形象比喻。我们越是迷失自我，就越需要生活在极端之中才能感受到自己。似乎我们对外表现得越富有、越伟大，我们内在的情感就越匮乏。内心世界的毁灭，付出的代价往往是灾难性的。

我们的患者表示，他们会有这样一种感觉：当他们认为自己是完美的时候，会觉得自己只配拥有生命和生存的权利。强制性的完美主义，是对于本体论的不安全感的一种补偿。简而言之：我们在“我是谁”这个根源上生病了。

贝贝尔·瓦德茨基的这本书得益于近10年来对自恋人格障碍治疗的医学经验。当暴食症的女性患者人数急剧上升时，我们很快意识到，只关注症状（比如饮食障碍）的治疗太肤浅了，我们应该努力去理解这些病人的生活，并从中产生了“女性自恋”这一概念。

在这个概念中，许多女性患者再次找到了自己，并且可以更好地理解并接受她们的疾病障碍。她们下定决心，去寻找她们内在“遗失的小孩”。通常，在她们华丽的外表下隐藏着一个情绪化的、被忽视的、绝望的小孩，她们渴望得到承认和显露出真实的本我。贪食是这些患者的象征性外在表达，然而她们永远不会通过食物得到真正的满足和治愈。这个小孩也可以被称为“真我”，患了不堪忍受的外表浅薄症。“真我”希望被身边相处的人和环境所感知、看到并接纳。这种对真我的发现就是心理障碍康复的起点，同时人们也需要对这个内心的孩子耐心、周到且旷日持久地加以照料。

这本书是由一位女士为女性撰写的，我希望关于那些曾经在诊所里向医生吐露出来并被贝贝尔・瓦德茨基定义为女性自恋的现象的分析，可以帮助其他女性。

格吕嫩巴赫心身医学诊所

康拉德・斯特劳斯博士

这份序言于1991年第一次出版，为我当时的老板康拉德·斯特劳斯博士所作。

虽然很遗憾，他已经过世，心身医学诊所也不复存在了。但是他的思想和治疗理念对我有重大的意义，并为这个主题做出了突出的贡献。

前言

这本书是为那些有自卑感的女性所写，即使她们是成功的、看上去光鲜亮丽的，她们仍然会自我贬低，并且会恐惧一段稳定牢固的关系，即使她们非常渴望这种关系。她们对自己的评价会很快从自卑的想法，转到不切实际的幻想中去，并且总是有一种不知道自己究竟是谁的感觉。拥有自恋人格的女性会觉得，她们必须保持自恋，这样才能被其他人看见和喜欢。她们自我怀疑，认为自己不被人喜欢，这让她们很难和其他人产生连接，并且在伴侣关系上会产生很大的问题。

在许多情况下，女性自恋者患有饮食失调症，或者她们年轻时曾患过饮食失调症。因此，我会反复指出自恋与暴食症或厌食症之间的联系。

写此书的想法可以追溯到我1983—1992年的心理治疗工作，当时我在格吕嫩巴赫心身医学诊所。这就是为什么我对治疗的建议和当时病人的报告总是提到在那里的工作。我认为，我个人承担的那部分工作是这本书的重要组成部分，也是一个很好的将个人经验传递给读者的机会。

女性自恋的概念描述了她们没有稳定的自我价值观，这绝不能被误解为性别归因的歧视。它只用于对女性自恋的表现进行分类，因为它往往发生在女性身上，极少出现在男性身上。这本书将对男女自恋的区别进行深入详细的说明。

在两性关系上，我从女性的角度写男女关系。我可以想象，这些动态关系也适用于男同性恋者、女同性恋者、双性恋者和变性人，但我不会分别探讨这些关系。我对这些关系的经验太少，也可以说根本没有，因此不能在这方面说出任何明确的观点。

《不稳定的自尊》一书于1991年首次出版，2005年修订，这次又整体更新，重新出版。文本将基本保持原样，因为它第一次从女性视角对自恋主题进行了系统描述，而女性主题是永恒的话题。在我看来，这是一种必不可少的视角，在这种视角下，可以对女性问题有更多了解，治疗师也能为自己的工作提供依据。这次的修订，考虑到一些话题多年来的持续发展，增加了新的角度，如数字化的自我反馈，个人和社会层面的自恋现状；另一方面，其他旧的主题不再做讨论。

当然，过去20年的社会变化也不可忽视，特别是男女角色的定义以及父母在教育过程中的作用。在心理疗法最重要的领域，我对治疗手段进行了补充。

我希望可以成功地在变化和保存之间找到一个良好的平衡，以便此书为您展示符合时代的信息并提供帮助。

2020年9月，慕尼黑

致谢

我要感谢所有直接或间接参与本书创作的人。首先，我要感谢所有的患者，感谢她们愿意提供她们的故事、磨难和恢复过程，这些年来我从她们那儿也学到了许多东西。

怀着感激之情，我也回首与康拉德·斯特劳斯博士，以及当地团队良好而深入的合作，他当时是格吕嫩巴赫心身医学诊所的主任。他们都为这本书的成功出版和一些基本想法的研究做出了很大贡献。在我犹豫不决的时候，他们给了我鼓励性的反馈意见让我有了继续写作的勇气。

我还要感谢我的家人和朋友，他们带着理解、兴趣和爱支持我。他们的关心鼓舞了我，让我感到开心和喜悦。我还要感谢我的朋友和编辑格玛·奥尔楚克，在第一版书出版过程中，我们进行了出色的合作，她们带给了我很多启发。在本书的新版本中，我的现任编辑克劳迪娅·比茨一直给我建议，并且用实际行动陪伴我。对此我表示深深的感谢。

WEIBLICHER NARZISSMUS

第一部分 女性自恋

什么是自恋

自恋是一个广义的概念，如今已经成为一个流行语，几乎每个人都在说。它被用在骂人的话中，也是一种心理障碍疾病的专业术语，还有人骄傲地把它作为一种个人形象招牌。自恋普遍和自爱相关联，自恋的人在自爱方面有障碍，他们在自我价值感方面有缺失。对于成功、金钱、认可，有确定性的上瘾般的追求，想要与众不同，想要强大，并且都是以自我损伤的方式来实现的。他们还会妄自尊大，贬低其他人。

自恋的“面具”是试图掩盖不愉快的现实，并夸大自己不被喜爱和缺失的一面。这是一种富有想象力的方式，用来和自己的自尊和谐共处。这种方式很好地适应了当下的时代，因为它成功地让人感觉到与自己产生了连接。一个像我们这样的自恋社会，自我陶醉和自恋表现形式的可能性比以往任何时候都大，它让沉睡于每个人内心的自恋部分飞速发展。在我们的社会中，自恋行为往往因个人事业和社会地位的提高而得到赞扬，因为它表面上有利于社会，这一事实进一步加速了自恋的发展。

因此，首要来说，自恋并不是一种疾病，它通过使人经历自尊受伤害，干扰一个人的性格完整性，从而对社会条件或某些特定生活环境产生一种创造性的适应。

自恋的“面具”背后隐藏着一种缺失，这种缺失极大地影响了生活，充满爱和支持的关系基本上不可能实现，并会导致傲慢、虚荣心和过度地以自我为中心。自我价值感的波动和自恋带来的伤害会成为生活的一部分；至少短时间内，会让人变得虚弱。自恋影响的区别在于波动的强度和质量。

所谓积极或健康的自恋，就是在自爱和自尊意义上有完好的自我价值感。这样的人有明显的自我价值观，清楚自己的长处和短处，即使他的自尊心会有一些起伏不定，他会经历拒绝或批评，但他不会因此不自爱，更不会轻生。他不会在失败和批评中自我贬低，也不会在肯定和认可中妄自尊大。那些懂得自我欣赏和自爱的人，没有必要更好地表现自己，以此向别人展示他们多么优秀。

那些有自恋缺陷的人，才会试图用一种特殊的自我表现来平衡自我。一个具有强烈自恋性格的人，会把批评当作一种威胁，并用攻击和自我防御进行回应，因为批评意味着质疑了他们的特殊性。

自恋的缺陷范围从轻度的自尊丧失到人格障碍。因此，心理学家斯蒂芬·约翰逊将自恋人格与自恋人格障碍区分开，自恋人格描述的恰恰是“日常的、正常的自恋”，而自恋人格障碍则更为严重，因为他们的自我功能和防御更加脆弱和不堪一击。自恋人格障碍也称为自恋依恋或自恋缺失。

具有自恋人格的人的特点是总会寻求关注，例如寻求支配地位和优越感，这使他们显得自私和迟钝。他们对自己的要求很高，而且基于他们自己的优势，往往容易在事业上获得成功，即使他们个人没有那么大的魅力。然而，他们能比患有自恋人格障碍的人更好地处理关系。自恋人格障碍者对赞美有着很高程度的依赖，所以他们很容易感到被冒犯，很容易嫉妒那些因为他们的成功而贬低他们的人。因此，他们在工作关系和个人关系上都会遇到巨大的困难。此外，他们缺乏同情心甚至缺乏同理心，也是造成这种情况的一个因素。[1]

自恋人格障碍发展到最后，会成为恶性的自恋，心理分析师奥托·科恩伯格称之为恶性自恋。这首先表现为反社会行为和偏执的态度。这些人无视社会规范、极其不诚实、咄咄逼人、暴力行事，甚至犯罪，为了达到自己的目的完全不考虑其他人。

所有形式的自恋人格障碍通常都有作为病理研究的价值，但只影响大约1%～3%的人群。这本书中描述的女性自恋的形式主要是一种自恋人格，其自恋程度也有所不同。因此，在个别情况下也可能存在自恋人格障碍形式。

[1]　另见伊丽莎白·瓦格纳：2020 年心理治疗周期间在巴特霍夫加施泰因的讲座。

正如你可能已经注意到的，自恋不仅涉及自我价值的话题，也时常涉及与他人相处的问题，特别是在亲密关系中。这可能是由于自恋人格的人处理关系的能力受到了或多或少的损害。

在心理测试中，自恋在“社交中的外向性”和“社交不容忍”方面有很高的相关性。一方面，自恋性格的人思想开放，善于接触，合群，外表自信；另一方面，他们经历过一些事情，也会变得冷漠、可疑、固执、咄咄逼人、斤斤计较和虚伪。因此，他们既是受欢迎的，又是让人难以忍受的。所以我避免使用“自恋者”这样的概念，因为这些术语本身就有问题。

本质上，没有“自恋者”，因为每个人都有自恋的部分。也许这些概念可以用作自恋人格障碍的诊断术语，但这意味着人们把这些人用这种诊断和与之相关的特征进行绝对的定义。

这些人会被归类，这会对我们对待他们的行为和态度产生负面影响。这些概念仅作为描述是合法的，方便我们更好地分类和理解这些人的反应。但在理想情况下，我们可以更好地研究他们，并建立一种没有冲突的联系。

什么是女性自恋

“女性自恋”一词描述了一种特殊形式，这种形式经常体现在女性中，在内容上与男性自恋不同。绝不能将我们对性别特征的描述误解为对女性的歧视，它只对自恋表现进行分类，因为它主要存在于女性中，而较少出现在男性中。我在“女性自恋和男性自恋”小节中详细描述了两者的区别。

女性自恋的概念侧重于自恋主题中脆弱、敏感的方面，而在此前，这一直不是相关学科和治疗考虑的重点。不过现在，自恋脆弱性也逐渐在诊断学中占据了一席之地。

自恋一直都是以大的方向为主题的，其中一个重要主题是膨胀的自我，其特点是骄傲自大，追逐权力。然而，这种描述并不适合自恋的人，在女性自恋的背景下她们容易感到自卑。我在对饮食嗜好症病人（暴食症病人）的人格深入研究后，提出了女性自恋这样一个概念。

这些女性吸引我，并引起了我的兴趣。但后来发现，不仅仅只有这些，我同时震惊于在她们身上感受到的痛苦。我最初的印象是自己正在与一些有自我意识的、活泼的女性打交道，只要向她们提供正确的饮食方法，问题就能迎刃而解了。

她们表现得理智、坦率，坦诚地叙述自己的状况，并激励自己进行自我训练。但这些训练从未真正解决她们多年来的自卑感，她们非常贪吃，吃完又去厕所把吃的全部呕吐出来。她们羞于详细谈论自己的这些表现，我也是经过仔细询问才对这种病症的全过程有所了解，它与深层的自我怀疑、强烈的自我贬低、寂寞、孤立和感觉混乱等表现产生关联。她们不太愿意谈论自己的痛苦和困惑，尽管有时她们偶尔也倾诉一下，但总带有一定的情感上的疏离。因为她们很警惕，小心翼翼地躲藏在正常的外表之下，我也常常会“上她们的当”。她们在和我交谈时，表现得好像她们的贪吃和呕吐状况并不是那么糟糕。她们需要很长时间来表达自己的绝望，而我已经不相信她们说自己能控制一切的这种自我欺骗了。

这样一种冲突也反映在身体层面上：这些女性一般很引人注目。她们特别重视外表，大多有较好的身材，但她们对自己从根本上是否定的。她们认为自己难看、体形肥胖、没有魅力，特别是不讨人喜欢！她们渴望与人亲近并得到他人的爱，然而一旦真的有人喜欢她们，她们又会逃避。虽然她们感到孤独，很痛苦，但这恰恰是她们自己造成的。她们表面上装出一副“我好极了”的模样来引起别人的注意，但内心却感到非常痛苦和压抑。她们的感情和行为受到这种对比的强烈影响，也无法感知到真实的自我。

她们似乎是围绕着自己跳舞，始终在一个圈子里，但却根本没能接近自己。她们对自己很陌生，对这种自我疏远也感到很痛苦。在内心深处，她们不知道自己是一个悲哀的抑郁的女人，还是一个能给别人带来兴奋和好心情的女人。从外表上看，她们对“自己是谁”这个问题根本不关心。她们周围的环境很稳定，人们也愿意帮助她们，大多数人“对她们都很好”。只有极少情况，例如受到伤害或者被拒绝，会让她们感到严重受挫，甚至怀疑自己存在的理由。“如果我必须忍受这样的批评和拒绝，我还有什么资格活着？”她们无法走出这种恶性循环。

布里吉特是一个30岁的女性，人际交往困难让她备感痛苦，并具有女性自恋的性格结构。她这样描述自己的内心冲突：

我感到很疲劳，我渴望得到爱情，希望与人亲近，但又要确保安全，这把我搞得筋疲力尽。但这一切没人看到！如果有人能看到我在自信和权力的面具后面的这些需要，我会羞愧得无地自容。于是我就竭力打扮自己，表现得举止友好、态度和蔼。其他人会想：这个人年轻、生气勃勃、活泼、自信和感性；她能和人交往，能坚持自己的态度和立场，不会轻易改变自己；她承担着重要的工作，并且应付自如。我自己什么都没有做，只是把注意力都集中在如何表现自己是一个事业成功、生活其他方面也成功的女性形象上。我觉得没有人能发现我真正的情绪。微笑，布里吉特，微笑，你可能正在被监视着。我必须装得很快乐，好像什么事我都知道，没有什么能使我动摇。从外表上看，我很自信，丝毫看不出有什么问题，因为别人就是这样评价我的。而实际上，我的内心却完全是另一回事。我经常感到没有安全感，以致我几乎要躲起来。我恐怕自己从来也没有做好一件事，我也害怕做错事、说错话或遭人拒绝。对于别人会怎么看待自己我会想得很多，希望所有的人都喜欢我，但大多数时候我感到自己无足轻重，很自卑。我如何才能讨得别人的喜欢呢？

这一段描述深刻地揭示了外表强大的假象与内在不安全感、自卑之间的矛盾冲突。没有人会知道这些！因为一旦证明她是怎样的一个人，“所有的假象”便会烟消云散：她没有表面上所具有的那种自信！她从心底里认为自己是愚笨的，需要他人的帮助。不仅仅是暴食症患者感觉自己远离自己的本性，还有很多表现得很自信的女性实际上没有安全感，也不能意识到真正的自我，她们陷入深深的自我怀疑，并在社会关系和伴侣关系中出现问题。

女性自恋这个概念可以用来描述这些女性内心的现象、她们的孩提时代缺失的东西、现在必须补上的一些成长阶段以及逃脱内心拘禁的方法。

出于这样的目的，我将要描述一些导致自恋人格结构发展的背景知识。我不太愿意去探讨原因，因为这将误导人们去做这样一种因果关系的推理：如果有条件A，必然会出现结果B。在心理学研究中这种方式不会被使用，因为许多因素都在起作用，并且它们还会相互影响。所以，我将概要地列举一些在大多数具有自恋人格者的孩提时代可能发生过的情况。

我不谈教育措施或对个性发展至关重要的过去的经历，而更多来谈儿童应该如何成长的方式和方法。在本书的有些章节中，我指出了进食和呕吐的意义，但事实上是在描述一种女性自恋的动因。进食对那些没有饮食障碍的人也有作用，它可以使人平静，摆脱令人不快的感觉，填补内心的空虚，也可以作为一种替代的满足。

此外，我认为大多数自恋人格女性在接受自己的身体和体重上存在问题。所以尽管她们没有那种传统意义上的饮食障碍，但也可能会有饮食的困难，比如“实际上”不饿，但仍有饥饿的感觉，所以吃得再多也无法使她平静下来。因为这不是生理上的饥饿，而是心理上的。尤其是挫折、寂寞、沮丧和孤独，都可能导致许多在饮食方面没有什么障碍的女性多进食或是绝食。

另外，她们也考虑以漂亮苗条的身材来弥补自我价值的问题。很多女性把她们的舒适感与体重挂钩，并相信如果身材苗条将会受人喜爱。不少人认为这种想法是强迫性的，它降低了这些女性的生活质量。

很明显，食物、饥饿和饱腹感与精神状态有很强的关系。即使在饮食失调的女性中，食物和体重也是与自尊和关系障碍相关的问题。所以在治疗时，为了能达到永久性的治愈效果，必须重视这一因素。

贡蒂是一个30多岁的女性，她长期患有进食呕吐癖。她在我们诊所第一次接受治疗后曾解释了有饮食障碍的原因。这实际上也是对女性自恋问题的一种描述：

不可想象如果没有狼吞虎咽的进食和呕吐，我还怎么活着，但现在我知道了不这样也能活下来。我对这种症状和病因都有部分的认识。只要我活着，我就经常贬低自己。没有自尊，没有自信，每当我“偶尔”感到快乐时（大多数情况下是通过酒精、饮食或男人获得的“虚假快乐”)就会产生一种负罪感，所以我感觉自己糟透了。我只注意到消极的一面，根本不知道应该有节制。我知道自己的生活是不正常的，自己也不正常。尤其是我的强迫症，它经常使我不知所措。我现在明白了，我总把自己消极的想法当作真实的东西，并且总是认为自己很糟糕。现在我知道了这种想法是自己病症的一部分，所以我能够比过去活得更好。它也让我理解了我应该对自己的感觉负责。在治疗前，我总把自己的问题与自己无法改变的外部条件相联系，于是我的情况越来越糟。我强迫自己去进食。现在我知道了病根完全在自身，我能够改变这一切。过去我从没想过自己应该对这种焦虑和不安负责。感谢上帝，现在我知道了，我能够改变这些，因为这些压力是我自己造成的。

无论如何，我希望自己不仅能戒酒，而且能保持头脑清醒。这一点也不苛求，因为我要真正快乐起来。我不愿再每天抱怨生活和感到不满足。我要努力使自己内心保持平静。眼下我很亢奋，我感到自己似乎得到了新生。这肯定不是一件简单的事，但我已经能经常察觉到美妙的、圆满的、满意的、快乐的感觉。我预感这就是生活，一种非常充实的热情。这种感觉也使我有些害怕，但这是我最强烈的一次感觉，我认为这是生活该有的内容。

渴望得到认可

“魔镜，魔镜，谁是世界上最美丽的女人？”这句话来自童话《白雪公主》，它向所有女性提出了一个重要的问题：只要其他人与她一样美丽或比她更美丽，她就会感到不安，更确切地讲，她会丧失信心。“王后，全世界最美的女人就是你，王后。”这样的回答使当事人感到欣慰，使她的内心重新恢复平静。她对自己和周围的人感到满意，因为她高人一等。

这种“最美丽”和害怕另一个人更有吸引力，由此而认为自己不完美、难看、卑微之间的矛盾，构成了自恋冲突的中心。自恋障碍从本质上看是对自我体验、自尊以及自爱的一种损害。一名“女性自恋”的女性的自我价值观是不稳定的、急剧波动的。

有时候，她认为自己最了不起、最美丽；有时候，她则把自己看得很渺小，甚至一文不值。她的自我感受在自以为是和卑微低下之间来回摇摆。有时候她感到自己很了不起、不可战胜，有时候又怀疑自己、贬低自己，觉得自己很卑微、很压抑。米勒深刻同情自恋障碍者的这种自我感受，她认为自以为是和抑郁是一块奖牌的两面。这种女性既具有自以为是的幻想，又感到自己很卑微，这两者都是有自尊障碍的表现，大量的幻想是为了掩盖卑微低下，同时也保护了与自我迷失相关的深层的痛苦。

这就意味着一个自恋的女性没有学会正确估计自身。一般来说，她会认为自己是卑微的、懦弱的、不完美的、缺乏魅力的，因为承认卑微是一件非常难堪的事，所以她就用自以为是的幻想来掩盖这些糟糕的感受。为了使自己显得特别有魅力，她试图创造一些好的成绩，尤其是表现得有适应能力和值得人爱，以向自己和别人显示自己是一个非常出色的人，一点都不卑微。

她们经常想要被别人赞美，否则就活不下去。而自以为是就是其中的一种表现。但她们要求得到的"了不起的人格"的赞美，不是指她们真实的自我本身如何，而是针对她们的美貌、成就、智慧和各种能力。她们认为自己只有具备了这些特征才是最好的，就像王后所希望的那样。如果她们被人威胁不能给出这种赞美，以及她们失去了那些值得被赞美的能力和特征，或者事实上正是如此，她们就可能自尊崩溃，随之出现抑郁反应。所以，女性自恋者常常试图让自己外表很漂亮，身材很苗条，始终是最美丽、最棒的，换句话说，她们希望自己永远保持年轻、漂亮、事业有成。

这些东西谁不希望拥有？不可思议的是，自恋者为了使自己有一个好的状态，会希望这些目标都能达成，也就是说她的生活基础就是美丽、成功和值得被人们赞美。假如外界不提供诸如赞美、承认和表扬等“自恋形式”，而是出现患病、衰老或生活环境发生变化，比如孩子搬出去住、与男友分手、与丈夫离婚、失去工作、受到批评或被人拒绝，这些情况都会使她们产生严重的抑郁。

以上所有这些情况有两个共同点，其中之一是被认可的、讨人喜欢的特征已经消失了。开始衰老的女性只要自己的外表看上去比她实际年龄年轻些，并得到人们的赞美，她就会以此来“掩盖”自己那些糟糕的自我形象：尽管她年龄已不小了，身体状况也很差，但至少看上去还很年轻，也得到了别人的赞美，由此她感到自己依然比较有魅力。但这些女性在她们的孩子搬出去住后，仍会产生抑郁反应，因为这会引起与年龄有关的新矛盾。如果孩子搬出去住了，也就意味着自己老了、不中用了。老人在我们这个注重年轻、漂亮和状态良好的社会中肯定会有一种失落感，因为不管是男性还是女性，似乎年纪大就意味着失去价值。如果说自尊主要有赖于外部特征和自己的成就，那么随着年老而出现自卑感就不足为奇了。然而，会造成抑郁的不仅是那些严重的失落感，轻度的失落感同样会导致抑郁。如果其他人拒绝一起参与活动，被拒绝者就会感觉受到深深的伤害，并产生反感。事实上，许多女性认为，她们的愿望被拒绝也意味着他人对她们本人的拒绝。

另一个共同点是自恋女性对自身有取得高成就的要求。如果她仍在工作，那么“只”取得好成绩而不是辉煌成就，就会使她们产生有事情没做好的刺痛感，因为她们害怕如果有一次做得不出色，自己就不再有价值了，不再被人爱和受重视了。她们相信如果自己与众不同或被别人需要，她们才可爱和受人重视。这样我们就不难理解，为什么许多女性某一天早晨站在秤上发现自己又重了1千克或者几十克时突然惊慌失措。因为按照她们的想法，只有苗条才可爱，所以体重的增加就会强烈动摇她们的自我价值观。体重增加就意味着胖了，这同时又意味着不再有魅力了。人们很想拥有的“一切都没有了”，于是她们就会否定自己，觉得自己讨厌、难看。

从这段话中可以看出外表对女性获得赞美、认可来说是多么重要。女性不仅希望自己看上去是漂亮的，并想要得到别人的夸耀，而且对她们而言，特定的体重有一个绝对的含义：最讨人喜欢的体重一定不能超过55千克。如果超过那就见不得人了，也就是说，如果你的体重达到56千克，最好不要抛头露面。这时你除了自卑感，就再没有别的了。

根据米勒的理论，有自恋障碍的人把赞美和爱不恰当地联系在一起，似乎这两者是不能分开的，也就是说，没有赞美她们就觉得没有被爱。她们会千方百计地追求承认和认同，只有这样她们才感到被接受、被确认和被人喜欢。然而赞美的渴望不会给她带来绝对的满足，因为赞美和爱不会总是一致的。赞美只能针对一个人的某个特征，而爱则相反，虽然程度有强弱之分，但会涉及整个人。所以，赞美在真正意义上是尊重、接纳和爱的一种替代物。

成就和被认可也被自恋者当作是对她们“旧创伤”或“自恋伤口”的补偿，用于弥补被削弱的自我价值。这可能会获得暂时的效果，但不会使她们得到一种长期持续的满足感，因为真正的缺陷一直存在着。我不想说追求成就和被承认只是人们自恋障碍导致的结果，这样说肯定是错误的，因为积极的自恋会使生活充实。自尊心的提高是人类的基本需求之一，问题在于成功和认可所起的作用。在强烈的自恋特征或自恋人格障碍的情况下，它们可以弥补心理上的不足，但却只起部分作用。她们会有一种对被接纳和被爱的深层渴望，即使再多的成就也满足不了。这时它就无法起弥补的作用。这种心理上的不满足被米勒称为自我丧失。自恋人格的不幸正是不可能真正接近自我、找到自我。

一旦涉及一个人的自我价值，我们就会讨论自恋的话题。适度的自恋能让人获得自尊，这是被现实检验过的。这类人知道自己的长处，同时也承认自己的不足之处。相反，不稳定的自我价值观会使轻微的病症发展到严重的地步，随之而来的就是自恋障碍。她们的自尊心不是从内部来调节的，而是取决于外部世界，也就是其他人的看法和客观存在的结果。

虽然悲伤，但她仍发脾气

卡琳等男朋友的电话等了很长时间，他曾答应会打电话来，但却一直没打来。她目不转睛地盯着电话机，但它却一直不响。她开始担心了：不会发生什么事情吧？事故总是突然发生的。是的，他开车开得很快。她安慰自己，其实她经常会徒劳地产生这种念头，但直到现在也没有发生过什么意外。但他为什么不打电话？这个可恶的家伙！可能出了什么事吧？也许他很忙，顾不上打电话？但他答应我的……他会不会……和其他女人……不，他不会的……但是……她的疑虑逐渐增加。他也许会这样？不，胡说八道。然后，怀疑、害怕、担心和愤怒的情绪越来越严重。这个不要脸的家伙，他应该打电话来却不打，不可靠。他不关心我，只想着自己，我在他心中没有价值。

他终于打电话来了，当然已经晚了。卡琳一方面很高兴终于听到他的声音，另一方面也很伤心，因为她等了那么长时间。如果无法成功地向男朋友表达自己的失望之情，她就会责备他，最后两人爆发争吵。而他觉得她神经质，误解了他。他认为她是一个“歇斯底里的蠢娘们”，老是制造事端，老是认为他是世界上最不可靠的男人。最后两个人都很气恼。

事实上她只是伤心，因为他没有遵守约定按时打电话。然而她表面上的情绪却是生气和拒绝。如果他也发脾气，最后两人只能分手。因为他们都感情用事，都不信任、支持对方，都只关心如何保护自己、惩罚别人。

自恋的人对受委屈和被抛弃的情绪极其敏感，根据精神病学家奥托·科恩伯格的说法，他们的反应是恼怒、悲愤和复仇，而不是真正的悲伤。这种所谓的自恋式的愤怒在很大程度上超出了事情本身，并常常伴随着报复情绪。他们会怀恨在心，要惩罚或伤害那个人。

因为那个人被当作敌人，当作迫害者，就像上面这个例子中卡琳的男朋友。自恋的愤怒更多地表现为报复，而不是成年人所应采取的成熟应对方式，比如坦诚的意见交换。如果情况与自恋者的要求和期望不相符，她们立刻就会觉得被别人侮辱了，就像卡琳感到自己被她的男朋友轻视了、伤害了：“他怎么能够让我等了这么久？”她肯定会跟他谈论这件事，也许是在另一件事上借题发挥，也许是在第二天或几个小时之后和他说。她不能接受的事实并不是男朋友没给她打电话。对她来说，真正引起不愉快的是他“竟敢”不跟她汇报，这对她是一种伤害，一种“对君王的亵渎”。

使她感到失望的是一种极大的愤怒，以及那个应该对这出悲剧负责的男士对她的轻视。他让她很不高兴，因为她不能离开家，要在家里等着他的电话，所以整个晚上都泡汤了，她的情绪跌至冰点。他是造成这种不愉快的原因。她反复地对此进行谴责。她可能还计划着报复措施，比如“如果现在电话响了，我不去接听，让他等着”或者“我明天要让他看到我和别人出去”。这样她也使他受到了伤害，就像他伤害她那样。

然而，对失望和悲伤的情绪进行这样的处理是不切实际的。符合现实的处理方法应该是对失望的感觉加以记录、承认、倾诉，同时维持与他人的关系。而自恋人格者不可能做到这一点。她们在心里已经中断了这种关系，因为她们不能承受别人做出违背她们期望的行为。她们非常伤心，企图以不再给予注意和爱来惩罚他们。在她们的眼中，他们“活该如此”，尽管她们自己也要忍受中断这种关系而带来的痛苦，但这是为满足自己的自尊心而付出的代价。她们以这种中断关系的报复方式来忽视悲伤的感觉。但别人是一个独立的人，有自己的选择，不会总是关注她们的需要。

她们宁愿高傲地结束这段关系，也不愿反思与他人接触意味着放弃某些东西，也需要接受他人的个性和缺点。放弃与别人的交往也是由于她们太固执，因为她们拒绝坦诚地交换意见和解决冲突。那种想要让别人难受或想要报复别人的愤怒，和与人争吵时所表现出来的愤怒完全不一样。卡琳不得不等待，由此产生的愤怒没有造成伤害，因为男朋友最终还是打来了电话，所以结局并不引人注目。他们的关系仍会保持，生气能使这段关系得到进一步深入和明确。

而自恋的愤怒完全不同，它会妨碍这段关系并且影响其他人。它的目的是至少要使别人也体会她那种不好受的情绪。生气和愤怒能增进关系，而报复和试图伤害别人则会使自己孤独。孤独的感觉又反过来加深了自恋者内心深处的恐惧——怕遭人拒绝和失去爱。她们的这种行为，会有这样的结果：切断与其他人的联系，真正成为孤独的人，并处于这样一种恶性循环之中。

值得注意的是，自恋者对于那些导致她希望破灭的事情，做出的反应是非常激烈的。在大多数情况下，这些愤怒情绪基于童年某些威胁到她生存的经历，好像别人的做法不仅仅会让她生气，而且还是一种会危及她生存的严重威胁。在愤怒时她不仅仅要考虑如何维护自己的处境，甚至还要维护自己的生命。那些威胁生命的经历，比如身强力壮的兄弟姐妹或父母所造成的肉体上的威胁、生理或情感上的暴力、濒临窒息、意外事故或有危及生命的疾病，都会留下创伤性的痕迹。与此同时，会产生孤立无援和无能为力的感觉。这种无能为力感会导致自我伪装。

自恋的愤怒还有另一个特征——“孤独的举动”，这同时也可以被解释为“向身边人的疾呼”。正如心理治疗师凯瑟琳·阿斯珀所指出的，这可以追溯到孩子对亲密接触的渴望不断受挫，例如让婴儿长时间哭喊。因此，根据“依恋理论之父”约翰·鲍尔比的说法：“这会产生一种功能失调性的、具有不良作用的愤怒，这时人做出过分的行为，并把两种信号集于一身：不要靠近我，我恨你；靠近我，我需要你。”从这个意义上来说，自恋的愤怒是一种孤独的举动，它虽然代表孤独，但同时又主动拒绝别人。

结合卡琳的例子来看，她夸张的生气表现反映出她内心总要对事情进行各种假设且不愿独处。如果让她不要伤心，把自己的恐惧和对身边人的要求说出来，那么在这种谋求报复的自恋愤怒状态中，她会惩罚他人的不忠，并把他赶走。避免她认为无法忍受的痛苦就是胜利，代价是中断关系。另一方面，她对男朋友的粗暴反应又表明她非常需要他。用鲍尔比的话来说，卡琳与男朋友的争吵是孤独的举动，她以此来同时表达出自己要求交往的愿望和自己的拒绝。格式塔心理学治疗师贝奥蒙特认为，女性自恋者会在强烈的失望和愤怒中表现出极其强烈的对他人的渴望和需求。

孩子要符合一种特殊的形象

有一年冬天，雪花像羽毛般地从天空飘落下来。一位王后坐在窗边做针线活，窗框是用黑黑的乌檀木做成的。她一边做针线活，一边抬头看看雪，针儿扎在手指上，在雪里滴下了三滴血。红红的血在白白的雪里显得格外美丽，于是她暗暗想道："要是我能有一个孩子，皮肤像雪那样洁白，嘴唇像血那样鲜红，头发又像乌檀木那样黑，那该多好啊！"[1]

童话《白雪公主》是以这样的描述作为开头的。这个故事令人难忘地描绘了一个自恋女性的处境和内心的感受，所以，我在本书中将多次借用这个童话来进行分析讲解。从这个童话中，人们可以更多地了解自我价值薄弱的女性。

冬天里，王后孤独地坐在镶有黑乌檀木窗框的窗前做着针线活。冬天是寒冷的季节，阴沉沉的，所有的东西好像被裹尸布（雪）覆盖

[1] 童话故事的内容。

着。寒冷象征着心理僵化和冷冻的状态（心理的冬天）。王后一个人孤零零的，好像被人抛弃在那儿，国王一直没有被提到。她所做的工作（针线活）对她来说毫无价值，根本就是女仆干的。盛大的节日庆祝活动似乎已成明日黄花。王后俭朴、谦卑，却感到自卑和抑郁，用代表着生活阴暗一面的乌檀木窗框来象征很恰当。这一情景发生在冬天时节，意味着面临转折，仿佛在告诉大家，人们在无意识中已知道这种情况不会长久，也不是必然的。

由于突然发生的针刺事件，她原来的僵化状态被想要一个孩子的愿望打破了。这时她已经有一个具体的想法，这个孩子该是什么样的：皮肤像雪那样白，嘴唇像血那样鲜红，头发像乌檀木那样黑。这孩子仿佛带着职责来到世界上，她要符合她妈妈对她的幻想。此外，这个孩子还必须把王后从抑郁中解脱出来，并赋予她生存的意义。所以，这个孩子被自恋剥削：母亲并不怎么爱这个孩子本身，只是爱孩子的这个形象。这有助于她自恋的延展。为此，孩子必须牺牲自己的活力和独立性。血、雪和窗框也拥有了新的含义：血是牺牲的象征（也是自恋的象征）；雪表示凝固，孩子要把母亲从这种凝固中解放出来；而窗框是被爱的儿童形象的象征。

“自恋剥削”和“自恋的延伸”这两个概念的意义非同寻常，但又简明扼要。剥削就是利用某人，也就是通过其他人得益。此外，自恋剥削还含有有益于自我价值的意思。父母有了孩子之后能更好地感受到快乐和价值，孩子给父母带来幸福和愉快，让他们的生活更加充实。这一点无可非议，并且是一件非常美妙的事，人们也应该如此。但自恋剥削不是这样来理解的，它的意思是孩子和他的个性能提升父母和他们自我形象的价值。

如果孩子有一些有利于父母的某些特征、能力和行为方式，并且是违反他自己的本性和特性的，那么他就被利用了。这种对儿童的特殊愿望和要求，通常早在他出生前就已存在，最迟则出现在他出生的时候。孩子在何种程度上符合父母的期望，反映了父母对自己孩子的一种态度。孩子离这一期望值越远，就越使他们失望，当然也可以尝试一些特别的调整方法来使孩子仍然能符合他们的期望。但大多数时候，孩子不能满足父母的期望，于是孩子依然不被爱，永远不正确。然而，孩子将尝试通过特殊的适应来达到期望。

有自恋障碍的成年人也把其他人当作儿童那样来利用。他们从周围人中选择那些能满足他们自恋的人。他们尝试着去接近那些“等值的”或利用价值很高的同伴，从本人意愿上，他们根本不喜欢和不尊重这些人中的大多数，但由于价值、成就或声望的需要而选择这些人。这些人对自恋者是重要的，因为他们能使自恋者的价值得到提升。

“自恋的延伸”则表示父母通过孩子（或成年女性通过男人）来扩展自己的自恋，父母不仅具有自己的能力，而且拥有对方的能力。

例如，这孩子漂亮、聪明、学习新事物的速度很快并且能力优于同龄人，父母就会把自己也视作是这样的，对孩子的表扬和赞美也代表了对父母的表扬和赞美，由此使他们的价值得到提升。更进一步说，孩子好的品质都转移到父母身上去了，他们成了好父母。从孩子那儿转移来的受人重视越多，他们就越爱孩子，但这种爱其实只代表赞美，而不是真正的爱，因为他们除了孩子的优秀品质，很少提到孩子自身的情况，而且孩子的这些优秀品质正好可以补偿他们的自我价值障碍。

小镜子，小镜子

从健康发展的角度来看，儿童需要来自母亲的“反馈”：被她看到，被她了解，被她重视。温尼科特的观点明显体现了这一点：“母亲看着怀中的婴儿，看到了自己，婴儿看着母亲的脸……条件是母亲确实在看着这个独一无二的、一动不动的小人儿，而不是把自己的感受、期望、害怕以及为孩子所描绘的蓝图投射到孩子身上，否则孩子无法从母亲的脸上看到自己，只能看到母亲的需要。他没有一面用来看到自己的镜子，并会在今后的一生中徒劳地寻找这面镜子。”当然，这对父亲来说也一样。

反馈意味着能识别孩子的表达方式和他的感知，并以语言或非语言的方式，把这传递给孩子。比如，一个孩子很悲伤，因为他的玩具坏了。从情感上对孩子合理的同情表现可以是把孩子抱起来加以安慰：“我知道你很伤心，让我们一起来看看能否把这个玩具修好。”相反，阻止孩子伤心和用一个新的玩具来安慰他则不是同情，而是缺乏反馈。孩子不知道他该相信谁，他的感知是失去了玩具很令他伤心，而母亲则不让他伤心。真实的感受不能表现出来，甚至由于家庭的约束不允许它存在，这样，真实的感受就被分割了，以后孩子就不会出现自发的行为，只会做出调整过的行为。

我把真实的感受理解为诸如在失败时的悲伤、受伤时的痛苦、美好体验时的快乐、受到威胁时的害怕和对某人越界而生气的直觉反应。有多少儿童被教育不能存在某种感觉，也就是不能持续地有意识地感知它！如果阻止、否认或不能表达自己的感受，他们就会产生一种情绪上的不确定性，对自己的感受产生怀疑，并逐渐否定自己。女孩子以后也会忽视她们的感觉，自我贬低，并且把这些合理化，因为她已经学会了不给自己任何空间。

缺乏同情心的否认或重新梳理孩子的感觉，会导致孩子自我经历的混乱，并形成一个虚假的自我。正如温尼科特所说的，比起自己的个性，虚假自我更符合环境的期望。

自恋发展的基础很大程度上在于一种不成功的关系，这种关系是由于婴儿时期就匮乏的情感反馈和同理心，比如情绪上的忽视、纵容和过度保护。因为两者都忽视了孩子的本性。孩子在情感上感到孤独，因为他不被接受，不被看到。

数字化反馈

人类对反馈的需求也反映在大量使用社交媒体上。自拍、点赞等功能，满足了人类自我确认和建立身份的需求，如同人际关系之间的反馈一样。通过反馈，我们越来越能感知到自我，确认或扩展我们的身份。因此，从这个角度考虑，数字化的自我反馈在自恋情绪中起着重要作用。对我来说，这不是一个是否支持或批评社交媒体的讨论，而是关于它在自恋话题中的作用。

自恋是人类一直存在的一个主题，但它如今有了一个新的变化：通过自拍和手机的镜像功能随时随地表演和观看自己。

对于低自尊的人来说，在虚拟设备上展示自己比在实际人际关系中展示自己更容易，因为它更遥远，并且提供了某种保护，不用直接面对他人的反应。在极端情况下，虚拟通信甚至会替代面对面的交流。因为社交媒体为我们提供了全新的结构，虽然这种结构可能导致自恋，但也具备十分健康的社会功能。关系管理是社交媒体的重要组成部分，它为我们提供让我们感到有价值和被认可的反馈。

外界看来，这似乎是我们存在的理由。就像自恋女性经常会出现的情况，如果她们在生活中得不到反馈和认可，就会向外寻求，例如在脸书、Instagram（照片墙）或Snapchat（色拉布）上发布照片，甚至将其传遍全世界。几十年前，社交媒体上还只会放少数名人的个人信息，但是突然之间，任何人都可以获得人气，这本身就意味着一种自恋的满足感。它提高了自尊心，并滋养了理想的、骄傲的自我。

互联网的出现，给所有人创造了一个新的数字身份：我就像自己在网上展现的一样。但事实确实如此吗，我是自己展示的那样吗，我看起来像自己发出的照片吗，我成为自己是因为真实的自我，还是仅仅由于别人对我的印象？

尤其是有女性自恋结构的人，她们往往更倾向通过外界的反应来看待自己。这样，她们的自我评估就取决于他人如何评价自己。因此，数字化反馈有着巨大的意义，它既有积极作用也有消极影响。如果女性得到认可和点赞，她们就会觉得自己形象变好了；但如果没有点赞，那么她们就会觉得这是她们难看、丑陋、没有吸引力的证据。这会加深她们的消极情绪，并对自己采取贬低的态度。更糟的是仇恨言论和网络欺凌，它们会击中一个人的内心，并彻底摧毁她们，特别是当她们仅依靠外界的积极反馈来证明自己是有价值的、有权利生存的。

当自拍和社交媒体被用来获取点赞和积极评论时，人们自然倾向在网上展示自己最好的一面。每张贴出来的照片都要修图，直到它符合自己的理想形象，因为只有这样才经得起大众的评价。女性自恋者也会这样做，因为她们由于强烈的自我排斥而极易依赖外部评价。这也支持了她们的想法：只有我完美的时候我才是优秀的；优秀是不够的，我必须比别人更优秀，甚至是完美的。女性被别人发现很优秀，她们才会感觉自己很优秀。然而如果没有这些，如果她们受到批评，甚至被怀有敌意地对待，她们的自我形象就会崩塌。

她们感到羞愧、耻辱，感到锥心的疼痛。她们会沮丧地缩到自己的安全壳中，极有可能在远离网络的地方暴饮暴食，或者她们会适应网络社区的要求，使自己成为一个影响别人的人。为了证实这一点，她们会准备好满足其他人的期望，即使这会付出很高的代价——否认真实的自我。

这充分体现在所谓的“A4腰”挑战中：把一张A4纸举在腰部位置，如果左右两侧的腰部不能被看到，就说明挑战成功。这会使很多女性开始疯狂节食。这并不奇怪，因为日常的体质指数被异化后，是无法通过正常的饮食和运动来达到的。

展示真实的自己意味着要冒不被喜欢的风险，但被喜欢是自恋的真正目标。然而，网络上虚假的表达也产生了一种新的、相反的趋势：没有化妆打扮的素颜突然成为一种特别的受追捧的存在。这又抬高了自恋，这种追捧也不是真实的，但成为一个新的要求。

展现真实的自己！如果一个有影响力的女性不带任何修饰地展示

自己，并且引起了小小的轰动，这会给没有自信的女士展示真实自我的勇气。不过，我担心这种趋势不会有这种效果。因为这会很清楚地表明，在网络上自我展示是多么有意义，会让她们觉得，在网络上展示的目的在于特别的表现和获得的赞美，而这正是自恋女性的生活方式。本质上，她们在网上表现得就像在个人关系中一样：她们并不表现出真实的自己，而是扮演任何可以保持完美的角色。

这种态度打开了自我提升的大门。提升意味着不满足于现状，必须不断努力改进。但是，如果你仍然想变得更好，你会发现很难在当下的自我中找到满意的东西。

这强化了女性的自卑感，对她们的自我价值观产生了负面影响，因而必须用过度的自恋来加以平衡。与其他在网上完美展示自己的女性相比，她们也在自我折磨，害怕跟不上别人，永远有达不到高标准的恐惧，强化了自卑和自我贬低的感觉。事实上，如果一个女性为了在网上展示自己而必须改变她的形象，这意味着她不够苗条、不够美丽，进一步证实了自己的不足。

在数字化自我展示中经常被忽视的是，自拍和发帖从不展示完整的自我，而只是部分自我。如果将这种部分自我与人等同起来，就像是那些具有自恋结构的女性做的那样，那是不公平的。对照片的正面反馈并不意味着所描绘的人是可爱的，就像不好看的图片也并不能证明她作为一个人毫无价值一样。

然而，别人对自己外表的反馈可以强化将部分自我与真正的自己等同的倾向，并影响自我评价。我们的自我形象总是取决于我们从社会关系中得到的答案。因此，自拍通过让我们和他人取得连接并得到反馈而履行了一个重要的社会功能。但是，网上的反馈比个人关系的反馈要少得多，因为它只涉及图片的描述。想得到关于这个人本身的反馈基本上是不可能的，因为图片并没有显示出来。

这显示了数字化反馈是把双刃剑：一方面，社交媒体满足了对反馈和社会交往的自然需求；另一方面，它加强了自恋结构，因为它是我们自恋的理想游乐场。许多研究表明，这虽然不会导致自恋，但是会推动自恋的发展。不知疲倦地分享自拍和自己的生活，并一直寻求认可，会使人从现有的自恋结构发展到病态的自恋结构。

有影响力的人传达的女性形象也会引起人们的注意。玛雅·戈茨和约瑟芬·贝克尔研究了在Instagram上不同类型的自我阶段。她们的结论是：基本上，女性更倾向展示自己的美貌、单纯和性感，很少展示自信和强大。从根本上来讲，她们在传达一个过时的女性形象，这种形象基于传统的女性舞台形象，她们的伪装与潜意识或公开的性别化相结合。这样，她们传递了一个会让人联想起自恋女性的形象：她们屈从于别人的期望，想要被喜欢，弱化自己，并倾向用“性”来和男性接触。这种典范增加了女性屈服于自恋的压力，甚至更加否定她们真正的自我。

这种态度被一个有自恋特征的社会所强化，对美、苗条、健身、成功和成长的追求占主导地位。我们作为个人采用这些规则，并通过内化和仿制来使它们成为我们自己的规则。饮食失调和过度自恋作为所谓的“时间综合征”，是这种社会印记的另一种体现。人们用外部的物品来表达内心的空虚和精神贫瘠。这导致对于自我的疏远，使人沉溺于虚拟的世界，活得既不充实也不满意。

如果丧失了“真正的”自我

失去真正的自我是自恋结构的一个特征。导致这种情况的除了社会影响，很大程度上是由于不幸福的亲子关系，如在儿童时期缺少关爱和同情，或者被溺爱和过度保护。这两种情况都会导致儿童产生情感上的孤独，因为他们没有像其他儿童那样被接受和被爱，对一种没有爱的或冰冷的关系，儿童的反应是胆怯、不满或孤独。相反，过分照料也会使得儿童对照料人产生依赖，因为他总能得到他人的帮助，老是期待由他人来为他解决问题。所以，缺少关爱和过度保护都会使儿童失望，前者是缺乏悉心照料，后者则是溺爱，而“早期的溺爱最终都将导致遭受挫折”。

缺失母亲或双亲、长期分离、自然灾害、战争或其他灾难，也会对儿童的成长产生不良影响。如果因为没有可以替代父母的人，或者有但不受信任而对这些深刻体验的缺乏得不到补偿和领悟，那么儿童就必定会发展出一种生存策略来帮助自己适应环境。因为儿童总是需要父母的关注，他们的生存必须依赖父母，所以他们会做一切父母喜欢的事情，他们试图“正确”对待环境的要求，把一切事情都“做好”。从表面上看，他们建立了一种与他们不相符合的自我。人们把这称为虚假的自我、面具或外表。这种虚假的自我是他们在儿童时期保障生活的一种生存机制。但是，如果一个儿童很早就戴上面具，以后就会越来越难以发现另一个真正的自我。这些人成年后经常说不清他们到底怎么了，一方面他们没有感觉到，另一方面也不敢说出来。

在童话故事《白雪公主》中，我们发现王后对孩子的期待是“红如血，白如雪，黑如乌檀木”。但是，如果孩子出生时头发是黄绿色，会发生什么情况呢？然后，孩子就不会展示我“真正”是谁，而是我“应该”是谁，孩子将适应环境的期望，获得一个红白黑相间的面具，一个虚假的自我，以牺牲自己的个性为代价，来获得认可、关注和爱。

米勒认为，这种具有虚假的自我体验的人有“伪装的人格特征”。这些“伪装的人格特征”与对外表现的行为非常一致，而与他们真正的自我相去甚远。在这种“伪装的人格特征”背后，隐藏着一般很少在他人面前显露的真正特征。这种远离自己本性的自我疏远，是儿童对他生活环境条件适应过程的结果。“真正的自我无法发展和分化，因为它没有被体验过。”结果表现出内心的空虚、贫乏和局部破坏，因为本能的和真实的感受被扼杀了。为了不失去父母的关注和爱，儿童会否定自己一些不合适的和不受人欢迎的感受和情绪，其中会有愤怒的情绪，还有喜悦和被迫分离的痛苦，他们自己也没有察觉到。失去父母就意味着死亡，所以为了不失去父母，他们宁愿牺牲自己的感受，而这种感受正是真正自我的一部分。他们所表现出来的只是那些“受欢迎的”和被允许的感受，其他的都被隐藏起来了。这是以他们真实的自我体验为代价的，所以他们外表所表现的根本不是内心真实感受，也就是说，他们构筑了一个虚假的自我。

米勒认为，这种在儿童时期就表现出来的对环境的需要和期望的适应能力，是造成自恋障碍的特殊原因。儿童对他们环境的敏感性和他们以此行事的天性，一方面似乎对他们有积极的影响，因为由此他们会受到赞扬，得到爱和关注，但另一方面也产生了自我疏远的消极后果，因为这种适应是以牺牲他们真实本性为代价的。也许用“过分适应”更为恰当，因为对共同生活的适应是必要的，并不是必须以牺牲参与者的个人特征为代价。而过分适应则相反，它意味着使自己的特征完全服从于环境的需要。这种自我疏远，使人今后很难甚至不再可能察觉到他自己真正的感受和需要。

有女性自恋结构的女士老是躲在她虚假的自我体验背后。这些女性展现给自己和同伴的只是她的面具：一个独立、冷静、完美、事业有成和没有需求的形象。然而，在这种形象背后的“真正的”自我体验极少显露。别人对她感到很陌生。她把真正的本性置于影子之下，以此来达到与面具的统一，然后借助虚假的自我来补偿自我价值的缺陷，因为面具大多具有积极的值得赞扬的特征，它可以掩盖自卑和不安。

贡蒂这样写道：

> 我总是表现得很自信，很坚强，能做任何事，敏感而可靠。但我的内心却经常有相反的感觉，不可靠，害怕看别人的眼睛。我想他看着我，完全是为了证明我是不可靠的。如果拿掉我的面具，我就好像被剥光了所有的衣服，感到自己是一个微不足道的、与别人没有什么区别的、毫不重要的人。于是我非常害怕被别人抛弃，害怕被别人看作是不重要、没有魅力的人。我感到痛苦、弱小。我看到了真实的自己：懦弱、生活的弱者、不完美、没人爱。

由于在儿童时期没有得到应有的反馈，自我价值薄弱的女性不仅缺少对自我感受的理解能力，也缺乏对自身体验的理解能力，害怕被拒绝的心理已到了非常严重的地步，以致她们宁愿选择顺从，也不去真实地感觉和行动。

学界对自我以及自我体验的定义尚未有统一的说法，每一种描述都试图简单地对一个很难理解的概念加以定义。沃尔夫把它描写为一种被感知为“自我的感受”的心理结构：一种健康的自我曾经体验过自尊和幸福，要具有一种不会随时间而变化的结构，也就是说，一个人知道今天的他、昨天的他和明天的他是同一个人。自我不能通过描述表达出来，只能通过人的表达方式被推理出来。这就意味着人们可以通过一个人对待自己和别人的方式，他们如何评估自己以及他们是否接受自己的能力局限性，来识别健康的自我价值。在自我价值健康的情况下，一个人不必贬低自己或他人。

一个低自尊的人则不能肯定自己究竟是谁，外表上表现得像儿童一般。人们可以说他还不认识自己真正的自我，或者说认识得不全面，表现出来的是虚假的自我。因而所谓“真正的”自我更多的是指人的本性，而虚假的自我则是指后天习得的行为，这些行为不是人们真正体验到的，而是被歪曲过的。相反，如果人们与自身是一致的，与自己的感觉、需要和愿望是一致的，并据此而去做了，那才可以说他具有“真正的”自我和自我体验。自我和自我体验经常是同义的，因为自我不是一种最终的状态，而是一种体验。

“真实”和“虚假”的概念也不是完全正确，因为它们在表面上只有简单的定义：虚假是不好的，真实是好的。我已经意识到这些概念有缺陷，尽管如此，我仍根据温尼科特和米勒的旧定义来解释。因为在这种情况下，一方面，错误意味着女性与自己的关系不和谐，并认为自己是不真实的；另一方面，真实自我的状态是她们不必欺骗自己和他人。

对我来说，真正的自我体验意味着一个简化的心理路程，通过它，我们得到一种整体的感觉。它包括所有真实的感觉、需求和欲望，以及人类的基本动机、主动性、好奇心、创造力和生命力。这就是前文提到的，如果《白雪公主》故事中的孩子出生后是黄绿色头发，孩子将不得不否认自己的发色以适应环境。当一个女人与她真实的自我接触时，她不再像两个不同的人，而是像一个人一样体验自我，这就是“自我性”“同一性”的感觉，它不随时间而变化。

我与其他学者有同感，自我的发展是由儿童时期与母亲或其他照料者的交往方式决定的。因此，自我源自一种成功的“最初教养”，它构成了以后所有关系的第一个模式。自恋也代表了一种教育观点。“如果最初的教养有问题，儿童就会遭受饥饿、疼痛、空虚和冷漠，变得软弱无能，对孤独无能为力、丧失所有安全感等，他们会感到孤寂，害怕深不可测的虚无。”诺伊曼这样描述道。不良的自我发展导致自我疏远，产生害怕情绪和不安全感，并缺乏自信。

我在写儿童时期的母子关系时，关注到两点：第一，人们往往很少关注母亲本身，而更多地关心孩子积极发育所需的母亲素质；第二，我们应该记住，虽然母子关系具有特殊的强度和质量，但不仅仅是母亲给予孩子信任、爱心和支持很重要，父亲、兄弟姐妹、祖父母等人的接受和尊重也起着重要的作用。

不然就会变成：一方面，母亲将被赋予并不适合她的意义；另一方面，她也负担过重。个别母亲如果对什么都要负责，她肯定会对女儿的心理成长产生明显的影响，这是人们在一次又一次的治疗中总结出的结论。但是，女儿以后是否建立起自恋的防御，也取决于家庭氛围、女儿和其他家庭成员的个性、社会环境等。所有的因素是相互联系的，它们不可能单独发生作用。

虽然说受到损伤的自尊建立在早期母子关系之上，但这并不意味着这类人一生都要受此折磨，孤独而得不到爱。虽然出生后的第一年很重要，但发展并不会因此而停止，人们可以通过一种新的、积极的经验来开辟一条新的通道。通过有益的、良好的交往或治疗来治愈旧的创伤。

女性自恋和男性自恋

20世纪80年代，我在治疗那些暴食症女病人的初期，还没有意识到这些女性的自恋人格结构与男性的自恋人格结构不同。直到最近，女性自恋和男性自恋的概念在文学中才变得越来越普遍。

对我来说，男性自恋者是有着所谓大男子主义的男人，这意味着他们通过引诱建立关系，通过控制别人掌握主动权，在面对强制性关系时主动退出或结束这种关系。他们对外表现得自信甚至是自负的、咄咄逼人的，认为自己是全能的，比起关心别人，他们更关心自己。他们需要成为关注的焦点，将其他人和他们的伴侣视为美化他们生活和增强他们光芒的观众。在人际关系中，他们表现得和在治疗中一样——不配合，不好接近，逃避，有清晰的界限，没有同理心，很少情绪化。这种自恋类型在文学中被称为不拘一格的、坦诚的、自以为是的自恋者。

从某种程度上来说，女性自恋与此类似。她们表面上是自信的、潇洒的、酷酷的、有优越感的，表现得很独立，她们经常在不经意间散发出魅力，获得男人的好感。她们也能左右别的女性，因为她们懂得如何迅速迎合对方的期望和需要，对对方表现出友好的、坦诚的关注。

这就是“男性”自恋和“女性”自恋形式上的区别。男人为独立而斗争，他们总是担心会丧失独立性；而女性则竭力去顺从别人，希望由此获得别人的认可，这种适应可以延伸发展到自我抛弃。男性自恋者希望与人保持一定的距离，以此来体现他的独立性，但这其实是一种假性独立，人们可以称他为“交往的回避者”，因为他拒绝与人交往，最好是独自一个人。而女性自恋者正好相反，她们表现为过度地迎合别人，并把此作为自己同一性的任务。她们对交往有强烈的向往，但也像男性自恋者一样，很少能真正顺从。她们渴望交往，渴望从中获得必要的安全感，她们不想孤独。她们是一种所谓的“交往的接受者”。

也有许多男人具有女性自恋的人格特征，希望与人交往。这些人本书不做介绍，但我想他们不难被识别。正如我在这里描述的那样，他们的问题与女性是可以对比的。这些人往往在其专业领域是成功的、有代表性的，但在私下里却遭受着伴侣的贬低和否认，他们往往会选择忍受，而不是去反抗。他们在关系中扮演着从属角色，并会寻找一个具有自恋结构的主导女性。在这些关系中，他们很少得到她们的金钱，因为他们允许自己被剥削和忍受情感上的匮乏。他们的目光主要集中在那个女子身上，所有的一切都围着她转。他们接收她们的情绪，操持家务，照顾孩子。如果她们忽视他们，他们就觉得这才是她们真实的表现。尽管困难重重，他们还是依附于她们，愿意不惜一切代价赢回她们。他们把妻子神化并忽视自己。分离对他们来说很困难，因为那样他们觉得是抛弃了妻子，好像他们不能把妻子留给她们自己的命运。这背后是一种巨大的救援冲动，例如，妻子患饮食失调症越严重，这种冲动就越强烈。

通常，这类男人的童年经历的特点是母亲利用儿子作为珠宝或伴侣的替代品。儿子应该让母亲快乐，或者把她从精神痛苦中拯救出来。因此，儿子很早就学会了把注意力集中在对方身上，而较少关注自己。父亲则成为一个缺失的角色，因为他要么缺席，要么对儿子提出过高的、无法完成的要求。这为孩子骨子里的自卑感埋下了种子，只有付出巨大的努力才能平衡。

也有许多女性和上述的自恋男性有同样的生活。当然，我们必须考虑到，肯定还有一些人无法归入以上类别，也有许多混合的类型。但对不同类型的描述有助于说明问题，因为人们可以清楚地看出它们的不同之处。

男性和女性这两种自恋的形式是一块奖牌的两面，它们都具有相同的基本自恋障碍造成的伤害和不稳定的自尊。但从表面上看，它们各有不同的表现：女性对交往的强烈向往和男性对交往的逃避。从这两种自恋人格障碍的表现中，我们可以把女性自恋归纳为抑郁因素，男性自恋归纳为自傲因素。然而必须注意，情况也可能是相反的，人们只是在外表上没有如此表现而已，也就是说在自傲的背后会隐藏着抑郁，抑郁的后面会隐藏着自傲。

男性自恋和女性自恋的不同表现，在很大程度上与特殊的性别社会化要求以及我们社会中男性和女性的角色有关。

千百年来，男性地位被夸大，女性地位被贬低。这是在集体无意识中建立的，影响了人类的行为和经验。

女孩很少被鼓励去攻击别人，因为这是社会公认的男孩行为。男孩在被攻击时被要求应该自卫，要坚强和有“男子气”，而这正是一个自恋男士的行为方式。

我有一个病人，他40岁出头，事业有成，但无法与人建立长期的交往关系。他由于酗酒问题来到我们的诊所。刚开始治疗时，我很难与他建立一种信任关系，因为他把我看作一个女人，而不只是一个治疗师，所以常常要考验我是不是真的有能力。他不断地试图向我和其他人证明他学识渊博，他的这种行为自然在治疗团体中引起了不满，因为其他人都感觉被轻视了。他总是以傲慢和自负来拒绝批评。在我批评他时，他马上表现出拒绝，并开始抗争，为自己辩护。尽管如此，他一直留在诊所里，并没有中断治疗，这对他来说是一大进步。要是放在从前，他受到别人责备可能早就一走了之，并会对受到挑衅很气愤。

他在生活中学会了要在任何争论中成为胜者。他在辩论中百战百胜的吹毛求疵、胡搅蛮缠的习惯是他从父亲那儿学来的。由于他学识渊博，智商很高，他根本不怕会在激烈的争论中败北。这种特长在很长时间里对他来说是生存所必需的，因为他只能以此来胜过父亲。然而随着岁月的流逝，虽然他什么东西都比别人懂得多，但却感到很孤独，他的行为是以交往困难为代价的，因为知识丰富和与人交往是两码事。他深深地感到被孤立，因为他没有真正的朋友，只有仰慕者和敌人。

在治疗团体中，他要学会的不是不择手段地打击别人，而是尝试与人交往，倾听别人的话，互相讨论，认识到别人的意见也是有价值的，这些对他来说是非常困难的。但随着时间的推移，他敞开了心扉，裹在他内心情感外面的铠甲逐渐被卸下了。这一转折的出现是在他交了女朋友之后。他第一次真正感受到了爱情，如果失去她，他会很痛苦的。他在治疗团体中讲了这种感受。这次不仅仅“靠才智”，他还说出了感受。当他说到开始恋爱，并对一直不能有真正感受这点感到痛苦时，他痛哭流涕。

他这种情感的流露感染了团体中的每一个人，使人们对他产生了好感并愿意接纳他。这种感受我们过去在他身上从来没有体验到，他在一开始是那么不被接受。他很少主动与人交流，也从不谈论经历过的伤害。当他把自己的另一面显露出来时，这种情感是强烈的，所有人都在期待那一刻的到来。

但是要摆脱男性自恋，要走的路还很长。这个病人在团体中的表现只是迈出了艰难的第一步，还会有反复，也可能会再退回到过去那种“觉得自己什么都对”的行为中去。后面的路还很艰难，但为选择一条新的道路而付出辛苦是值得的。如果他不能经常做出妥协的话，他与女朋友的关系也可能会出现危机。他现在取得了与她进一步发展的机会，但要真正达到目标，还需要很大的努力。

自恋冲突是由自傲和自卑这两种完全不同体验的不一致性所引发的。在我们的文化背景下，女性似乎更多地倾向自卑，而男性倾向自傲。但这并不意味着女性就没有自傲（比如当她减肥2千克后被认为是最漂亮的女人时），或者男性没有自卑。然而在情感应激状态下，他们会采取各自“擅长”的防御策略：男性精心打扮自己，而女性则感到自己很自卑、很没用。

表1–1　自恋障碍的两种基本模式对比

男性自恋	女性自恋
突出自傲	表现为自卑、抑郁和束手无策
投资自己，使自己变强大	妄自菲薄，使自己成为牺牲者
为得到承认和独立而抗争，过度自我	通过过度顺从而获得承认
男人的角色形象	女人的角色形象
以自傲来补偿内心的软弱	以过度顺从、取得成就和魅力来补偿内心的软弱
与人疏远，基本上没有共情能力	能设身处地为别人着想，产生共情的同情作用，直到完全接纳一种陌生的感觉
自恋的自我感觉	抑郁的“感觉泥潭”（消极的）
拒绝交往（逃避）	接受交往（强烈的向往）
自恋	补偿性自恋
在关系中不放弃	在关系中顺从和放弃
由于女友和她的赞扬，自尊比较稳定	渴望和借助男友及他的成就来达到一种理想化的自我
与女友的理想化形象同一	与男友的理想自我同一；男友是理想化的自我替代
渴望母亲的形象	渴望父亲的形象，依赖男友，给男友以母亲般的照料
明显的攻击性，反抗和贬低别人	被动的攻击性，如拒绝、抗拒和内心贬低别人
追求者姿态	牺牲者姿态
通过退缩、关系破裂、直接攻击来抵御伤害	通过协调和适应来抵御伤害

男性自恋者试图用成熟的男人形象来包装自己，以弥补他们的自卑感。这种现象在成功商人中很普遍。还有职场的“失败者”，他们以另一些行为表现来展现自己的能力和成就，比如冒险驾车、大声炫

耀等。女性的自恋态度也经常出现在现代职场女性中。她们急于变得越来越好，获得越来越多的权力和越来越高的职位。她们在想象中树立了一个形象，想成为最好的人，并贬低他人的价值；她们也会在被批评时害怕地位受到威胁，很快失去强大的形象。在那一刻，她们担心一切都会崩溃，全世界都会看到她们是失败者。许多女性觉得自己是骗子，她们让别人以为自己是聪明的，尽管本质上她们认为自己愚蠢无能，这种现象也被称为冒充者综合征。由于强烈的自我怀疑，这些女性不能接受她们的成功和能力被低估。即使是获得认可和升职加薪，也不会改变她们对自己的态度。然而，这些使她们保持了强大女性的外部形象，包括苗条的身材、男性化的特征和态度。这些反映在她们以一种更理性的态度来分析所有事情的可行性和可控性。致命的不是这种态度的存在，而是它的支配地位。阳刚成为女性想要保持的形象。但很多时候，外表是骗人的，在这种对外表现得很自信的行为背后隐藏着一个情感上非常有依赖性的女性。她在职场中雷厉风行，但在生活上很依赖男性，她害怕来自男性的拒绝或批评。

自恋和互补自恋

女性自恋和男性自恋的表现基本上都符合夫妻治疗师约尔格·威利的概念。这两种人在伴侣关系中不用担心彼此多么相似，因为对外他们表现得完全不一样。自恋者生活在坦然的自恋中，并渴望占据统治地位。互补自恋者的特点则是隐藏的自恋，他们内向、过度敏感和高度自我评价。

互补自恋者具有较高的“接受者素质”。这意味着他可以仔细听取批评和拒绝。他对别人的反应非常敏感，并避免处于中心地位。他的特点是敏感、羞怯和有羞耻感。他很适应被爱，为他人着想，舍己为人，并因为害怕被拒绝而避免亲密的关系。而公开性的傲慢自恋者使自己成为所有信息的“传播者”，但几乎听不进别人说的话。他的特点是傲慢、咄咄逼人、自大和对他人的反应很迟钝。他在关系上会表现得更加防备，情感上也会表现得更加疏远，处于一个回避型依恋的模式。在人际关系中，为了得到钦佩和尊敬，他会表现得很出色。在两个人的关系中，一个傲慢的自恋者往往表现得虚荣、以自我为中心。

当傲慢自恋者和互补自恋者在一段关系中发现彼此时，他们最初对彼此心动的感觉很快就会变得模糊不清，互相喜爱和互相理解的愿望逐渐破灭。尽管如此，他们不能分开，因为他们需要彼此的认可。这就会导致虚荣的爱，他们的作用主要是提高彼此的自我价值，其次才是彼此的伴侣。相遇主要是为了个人利益，有时甚至会以牺牲对方的利益为代价。这会导致关系的紧张，出现彼此伤害、操纵和侮辱的情况。

男性和女性两种自恋结构的形式都会导致产生同一种自我价值障碍，但形成的人际关系在形式上是不同的。男性自恋者会寻找一个能提高他自尊心的女性（补偿性的女自恋者），他能从这个属于自己的女性身上稳定地得到他所需要的那种赞扬。

反之，女性自恋者则通过美化她男友、为他放弃自己、完全献身于他等形式，从男友那儿获得一种理想的自我。她不会让男友必须满足自己的需求，反而会给他提供“母爱的温床”。在与她敬佩的男友的交往中，她通过分享他的成就，使自己的自我形象得到提升，通过与他的统一，使他成为一个“理想化的替代自我”。也就是说，她自己那个有缺陷的自我价值通过男友而得到弥补。

WEIBLICHER NARZISSMUS

第二部分　我们早年学到的东西，以后可能会成为问题

过早与母亲分离的影响

自尊障碍，即自恋人格障碍，本质上与出生后头两年中的发展缺陷有关。在生命中，一种损害发生得越早，儿童在成长中弥补这一缺陷的机会越少，成年后所产生的心理障碍就越严重。这主要与自我发展有关。儿童年龄越大，他的自我就越一致，就具有更多的自我机能来处理现实中的冲突和与母亲的分离。儿童出生的第一年对他们的成长具有非常重要的作用，这在对幼儿的研究中也得到了证实。

儿童很小就与母亲分离，将会产生深远的影响。从发展自我心理学家勒内·斯皮茨的研究中我们得知，如果6 ~ 8个月的婴儿与母亲分离3 ~ 5天，而又得不到其他替代人的照料，那么他会产生沮丧的情绪。在家庭环境中观察到，婴儿的最初表现是反抗，随后是失望，最后则是回避，逐渐不再与人接触，他会伤心、哭泣、沮丧，并开始自我刺激，刺激通常表现为摇头或是摇晃整个上半身。之后，儿童还会出现攻击性的冲动，不过不是针对别人，而是针对他自己，比如用头撞墙。

这种内心的激动形式被称为“孤儿”抑郁症[1]或依恋抑郁症。如果这种与母亲的分离发生在上面所说的时间之后，或者已经与母亲建立了一种良好关系后，这种“孤儿”抑郁症就不那么严重了。[2]

罗伯森夫妇在另一项研究中也证实了这种与母亲分离体验的处理，与儿童的年龄、人格发展和有无其他照料人的存在有关。儿童年龄越大，他的自我发展越成熟，由此与他人建立关系的能力越强，就会越早表现出悲伤的反应，他以这种方式来克服和处理与母亲的分离。如果儿童在与母亲分离的那段时间里与父亲或其他照料人生活在一起，他们就不会沮丧，会毫无损伤地度过与母亲分离的那段时间，以后也能毫无问题地重新接纳他的母亲。曾经有一个小女孩甚至出现了比较特殊的情况：与母亲的分离对她产生了一种积极的影响。在抚养人的家中，这个小女孩的饮食障碍不治而愈，后来她与母亲的关系也得到了显著的改善。

在罗伯森夫妇的研究中有过这样的例子：留在原生家庭中被抚养的独生子表现出深深的忧虑和失望，在母亲离开的9天中，这个孩子逐渐缩进自己的小圈子里。这种情形在母亲回来后仍延续了好几周，

[1] 并不是目前医学上明确存在的疾病，可能不符合医学上定义的疾病。——译者注

[2] 间接引用勒内·A. 斯皮茨：《情感依附性抑郁症——幼儿期精神障碍起源的研究》中比特纳·根特/哈姆斯·埃德达：《幼儿教育》修订后新版本，慕尼黑1985。

直到他与母亲恢复到从前的那种良好关系为止。此外，这个男孩在此后的3年里，一直处于巨大的分离恐惧之中。他周期性地出现强烈的攻击性行为，而这也是这种早期分离所导致的。

这些研究结果表明，从未经历过的分离体验可能会对儿童造成伤害。幼小的儿童要活下去，完全依赖父母的照料，所以对幼儿来说，与母亲分离就意味着处于极大的危险之中，因为他们如果失去依靠，就可能会面临死亡，所以婴幼儿要想有一种积极的发展，就必须有稳定的关系。如果儿童能与他人交往并建立一些联系，那么在与父母亲分离时就相对容易一些了。

除了实际的分离，心理上的冷落也会对儿童产生负面影响。感到孤独的人数一直呈增长趋势。父母亲都在并不意味着儿童就会自然而然地感到被接纳和被爱，如果他缺乏被接纳和被爱的经历，就会感到孤独，会表现出自尊障碍。

亲子关系专家托马斯·哈姆斯的研究表明，即使父母短期的缺席也会刺激孩子，引起孩子强烈的情绪反应。如果照料者以前与孩子有频繁的接触，但随后离开他，不再和他接触，也不再和他说话，孩子首先会变得焦躁不安，然后哭泣并升级到大声抗议。这表明成人的直接接触对儿童的重要性，当母亲长期沉迷于智能手机，以至于她不能感知到孩子或对孩子做出反应时，孩子会多么痛苦。

“不受欢迎”

如果不生你就好了。就是因为你，我才会结婚。当时我已经完成了职业培训准备去工作了。我的所有计划都成了泡影，因为我要给你提供一个家。

有一位女士就是在她母亲这样的唠叨中长大的，她有着严重的自卑感和恐惧症。早年母亲说过的这些话多年来一直被她否认，但在治疗中却重新被回想起来。她记忆中的童年是一个美好的时期，费了很大的努力，她才老实地承认并不是一切都如同她希望的那样好。相反，她并非父母计划中的孩子，但父母亲最后还是决定生下她。然而在父母口中经常直接或间接地流露出她是一个负担，她毁了母亲的前程。她经常听到这样的责备，以至于后来她也根本不把这当一回事了。但在治疗过程中，她感受到了由此带来的深深伤害和她如此不受欢迎的悲哀。

作为一个成年女性，她经常担心自己会给别人带去麻烦，怕妨碍别人，或让人有硬要加入的感觉。这些感受一直困扰着她。她想

“溜走”，不想引人注目，想做一些她认为别人期待她做的事。这种过度顺从的后果导致了对生活的严重恐惧和经常产生自杀的念头，但至今从来没有付诸行动。她更多地把这当作对生存的恐惧，如果别人对她的要求太高，她就会想躲起来。但这样一些想法和做法经常间接伤害她自己，导致了一系列严重的事故。她不知道自己到底怎么了，当她把自己的一切与自己“本来”并不会出生在世界上这件事联系起来时，她才真正对自己有了一个正确的认知，而这发生在治疗期间。她一直有这样一种想法：“我必须活下去。”而不是：“我可以活下去，我活着多好啊。”她父母对她出生的拒绝，给她留下了许多负面的痕迹，使她不能构筑一个“原始信任”。

“原始信任”以及“原始不信任”的感觉基本上在出生后头几个月里就已形成，它的形成取决于孩子与父母的关系。但这种后天的态度本身已经影响了孩子今后的基本感觉。“原始信任”是一种自我信赖需要的感觉，它是由一种可信赖的照料和对孩子的接受度所引发的。如果孩子的出生是受欢迎的，孩子得到了精心照料，这种原始的信任就形成了。相反，如果出于讨厌和害怕而把孩子弃置一边，他就会对这个世界和人抱以不信任的态度，因为最初建立的交往质量构成了今后交往的基础，也塑造了儿童对他人也包括对自己的行为和态度。他如果接纳或拒绝世界上的其他人，以后也会这样去接纳或拒绝自己。这里，父母和兄弟姐妹在某种家庭条件下起着关键作用，因为他们能向儿童提供有利或不利于健康“原始信任”发展的条件。在出生后几个月里，对婴儿来说最重要的人大多数是母亲，因为她与孩子朝夕相处，通过提供足够的食物和照料来满足婴儿对营养、温度和安全的基本需要，使他健康成长。通过深情地关注，母亲向孩子传递了“世界欢迎你”的信息。婴儿在这种充满温馨的接触中从母亲那儿了解了什么是信任、安全、安慰和保护。这种两人间的密切关系又被称为“共生现象”[1]。然而，这并不意味着孩子只能被动地接受他出生的生活条件。我们如今知道，婴儿会反过来建立关系，并积极影响他们的环境。因此，母亲和孩子之间的接受是相互的，因为孩子也可以远离母亲，使她很难靠近，也可以对关系产生积极影响。

如果儿童得到了充分的理解而被接纳，就可能与母亲形成一个亲密的整体。这样他就会获得内在的安全感，这有助于他今后安慰和鼓励自己，为他以后的有利发展创造前提条件。

缺乏“原始信任”的人把世界看作一个充满危险的地方，把别人更多地当作敌人而不是伙伴。他们没有真实的安全感，因为当他们还是小孩子的时候就学会了不能完全相信周围的一切。从对陌生人的反应中，可以看出一个儿童是否有“原始信任”。经历过“共生现象”而积极发展的儿童对陌生人的反应首先是充满了好奇和令人惊异的期

[1] “共生”在希腊语中表示生活在一起，不同成员之间以相互得益的方式一起生存，任何一方都不能脱离另一方而生存。——译者注

望。而与此相反，如果儿童对陌生人表现出恐惧和防范，那就是“原始信任”的发展有了障碍。

分离恐惧的现象也同样根源于此。如果一个人对离别和独处感到害怕和恐慌，他就是缺乏信任。他不相信虽然人不在但关系犹存的道理，不相信别人还会再回来，所以分离恐惧表示这个人在早期交往中没有经历过“原始信任”。此外，这也是一种不稳定的自我体验，因为一个人只有认为自己不重要或不被爱时，才会觉得他会毫无理由地被人抛弃。所以缺乏自我意识也与“原始信任”的丧失有关，与早期交往的经历有密切联系。

缺少关注和（或）不能提供足够的食物，会造成负面的自我形象和他人形象。儿童能够感受到他周围的环境。如果他满意，即被很好地照料，就会形成一种积极的自我形象和正面的母亲形象（一个“好母亲”)。如果别人对他照料不周，他经常不满意，就会发展出一种消极的自我形象和负面的母亲形象（一个“坏母亲”)。如果环境是“坏的”（受挫折的），就意味着他自己也是“坏的”（没有存在的理由）。儿童将会变得不讨喜，认为四周都是危险。外界如此，他自己也一样。

早期的拒绝，在治疗过程中是以“不受欢迎”的信息传递形式出现的。这是他来到这个世界的最初印象：他不受欢迎，没有生存权利。这个观点出自人本主义心理疗法中的一种相互作用分析。“不受欢迎”的信息传递经常与不安全和威胁感联系在一起，也与对世界、对人类、对自身缺乏信任和持续的不安全感以及恐惧联系在一起。

儿童时期获得的信息在成人时期仍然会起作用，当然大多数时候是无意识的，并成为生活的一部分。这种信息的魔力在于当事人自己毫无觉察，所以也无法有意识地去改变它。治疗的目的就是使那些无意识的信息成为有意识的、克服负面影响的信息，或用新的、积极的信息来代替，以及帮助他们巩固新的情感。

可以用不同的方法来表现不受欢迎的信息。大多数情况下不需要语言，气氛就足够了。比如一个母亲如果对她的孩子过分苛求或者觉得他破坏了她的婚姻，新生儿可能成为一个额外的负担。这种想法会以对孩子的暗中拒绝表现出来。同样，那些计划之外的孩子一旦生下来，也会受到相同的待遇。从病人的自述中，我们了解到他们大多数都出生在这样一种不幸的环境中。很多自我价值很弱的女性可能早就知道，如果父母没有生下她们就好了，这样她们的父母可能是另一种情形了。许多母亲说起自己的愿望时，会直截了当地说最好没有孩子。

如果出生在一个父母沉迷酒精或其他恶习的家庭中，孩子的情况就更严重了。这种家庭中的孩子常常会有身体上的伤害，经常挨打，可能会致伤致病，甚至有生命危险。这些儿童可能会产生一种深度的、持久的危险感。贬低、拒绝或漠视，对自我价值也有同样的破坏性影响，来自这种家庭的孩子在真实自我的发展中会有很大问题，因为他们一直生活在一个或两个酒精成瘾的父母的无可预测性的生活中。他们主要根据父母的状态而不是自己的幸福来调整自己的感受和行为，这会让真实自我发展得很恶劣，他们甚至会否认自己生存的权利，只是为了不被注意，不被打扰，不挑起争端。

伊洛娜从小没有父亲，和酗酒的母亲住在一起。家人和亲戚们不承认她母亲酗酒，这导致伊洛娜认为她的感受是错误的。她认为问题不在于母亲，而在于她自己，她才是母亲酗酒和缺席的根源。伊洛娜自己也开始喝酒，站在门外，被遗弃，充满孤独和恐惧，没有立足之地。久而久之，她学会了把那些感情推开，学会适应，成为一个模范女儿。如果母亲不在，伊洛娜就被安置在亲戚家。在那里，她觉得自己是一个陌生人，是别人的负担。没有任何需要，不被注意，不需要占用任何空间，最好根本不在那里，这些是她的生存策略。在这种对生命否定的背景下，她患上了厌食症。作为一名成年女性，她应该成为自己。她到底是谁，她有什么需要，她如何向他人和自己展示？这些内容后来她都在治疗中逐渐学会了。

这种“不受欢迎”的信息无意间暗示儿童以及成年后的他们都要履行义务。这些人都有一些自我伤害的行为，有某种不良嗜好，会伤害自己的身体或者冒生命危险。在任何情况下，他们的所作所为仿佛都证明了这种不受欢迎。

“不受欢迎”这个主题还触及了生活的一个基本层面，而不仅仅包括父母与孩子的个人关系。例如，根据发展理论，有些人在这样的条件下长大，必然会产生严重的人格障碍。尽管如此，这些人并没有受到更多的精神伤害。还有一些人则有严重的情绪问题，即使他们的生活轨道还算正常。这些现象不能仅仅由父母的行为和环境来解释，更确切地说，孩子生来就不同，他们以不同的方式应对生活的需求。如今，我们还会谈到复原力，即人类应对不利环境的自然抵抗力。我们的父母不是万能的，他们不能对我们所有的一切负责。因为我们的痛苦而指责他们是没有意义的，并且不会改变我们的任何处境。我们需要做的，是负责任地照顾自己，当我们不能独自达成我们的目标时，就寻求帮助。此外，我们总是有机会清除过去，发展新的模式。事实上，正是对于人类所犯错误的复盘和永远不可能完美的存在，激励着人们前行，这也成为生活的一部分。我认为，许多问题和危机都有其存在的意义，意味着我们要找到自己。

对疾病和一个人命运的讨论延伸到了心理层面的考虑。它触及了每个人生活的意义，超越了对生命的谴责。

“我给的你都要吃”

吃饭意味着维持生命，因为如果没有食物我们就会死。我们如何吃，不仅关系到我们是否能活下去，而且也关系到交往的问题。从新生儿起，我们就首先通过进食来与母亲交往，进而去了解世界，由此形成了吃饭和生活的类比。孩子通过食物与母亲紧密联系。在喂奶或喂饭的时候，孩子同时也获得了一种直觉性的交往技能。在这种情况下去爱、接纳或拒绝，躯体和触摸等发生了联系。喂养已经不仅仅是一种食物的给予，它同时也是一种社会性的活动，母子双方从中进行情感的交流。

喂孩子的方式不仅会对他以后的饮食行为产生影响，而且也会影响其生活态度。这取决于环境是否能敏锐地对孩子做出反应，并准确解读他发出的信号，还是一律以喂食来对待婴儿的任何不适。虽然说哭主要是饥饿的信号，可以通过喂食让孩子平静下来，但它也可能是情感和身体需要的一种混合或混淆的表示。如果只是给儿童喂食而不去抱他，他以后就会试图以食物和甜品来填补孤独感。当然，成人有时也很难区分孩子到底是想要食物还是需要亲近。

如果用食物来回应心理的需要，只能使儿童达到暂时的满足，因为真正情感上的缺乏没有得到弥补。另一方面，这些孩子却学会了以获得食物来弥补任何一种不适。这将会产生这样一个问题：他们根本不能区分什么是特定的需要，而特定的需要应该用特定的方式去解决。他们不能合理地解释心理的过程，并对此做出反应。身体和心理的需要都被当作一种未分化的感觉——“饥饿”来对待，并一律用食物打发。这种情况在一些非暴食症者患者身上也同样会表现出来。请看下面这个例子：

多丽丝放下电话，走进起居室坐了下来。突然，她产生了一种不可遏制地想要甜食的念头，于是她取了一袋橡皮软糖。当她吃了差不多一半后，才突然意识到自己在干什么。她问自己，除了感到有点轻度不适外，为什么要去吃甜食。最初她并不知道这“根本”就是一种需要，一种胃里的感觉，但随后她又思考了一下自己到底发生了什么事。这时候她才恍然大悟，原来与刚才接的那个电话有关。刚才的来电通知她，她非常期待的那个约会被取消了。她非常伤心，但她自己一点也没有意识到：没有悲伤，没有失望，没有想要被安慰，倒是强烈地想得到橡皮软糖。这时她意识到想吃东西与她的失望之情之间有联系。当食物的压力消失后，她才察觉到自己的悲伤和想要与人交谈的需求。

我从许多女性患者那儿得知，她们的母亲无法判断出婴儿是否已吃饱，所以她们常常被喂食过量。孩子从来不拒绝，也不知道什么是“饱”，对自己没有一个正确的估计；或者喂得不够，孩子仍然很饿。如果不能对儿童的需求做出适当反应，就意味着没有区分孩子饥饿和其他身体信号的能力。如果没有适当的反应，孩子就会认为自己的愿望和想法不重要或不正确。之后作为成年人，她们就不敢说出自己需要什么，最后空手而归。自恋女性成功地满足了其他人的愿望，但她们自己的欲望仍然没有被满足。

这种反应表明她们自己没有正常的内在限度和外部限度。内在限度是指能察觉到身体发出的信号，如饿了还是饱了，并对此做出合适的反应。如果没有这种限度，尽管她们已经饱了还会一直不停地吃，或者尽管很饿但一点不吃。

缺乏外部限度，指的是人不能把自己和别人以及别人的感受进行区分。这些女性倾向于“按外部的准则来解决自己的问题”，受他人感受的影响，她们伤心或沮丧只是因为别人是这样感受的。这样，她们也就无意识地把别人的问题当作了自己的问题。

这种接纳别人的感受的情况在交往中是很普遍的现象，比如男友今天回家之后心情很不好，这时女士本来有的好心情也消失了。她与他保持一致，感受他所感受的，而且非常强烈，导致把自己的感受全部替代了。这时她马上像男友一样心情不佳，尽管在此之前她一直是好心情。

> 我没有自己的情绪，大多数时候只反映别人的心境：如果别人高兴，我也高兴；跟我在一起的人伤心，我也会立刻伤心。但这不是我自己的感受，我很少察觉到自己的感受。只有极少数时候我能够肯定地说，现在我真正感受到自己了，这好像只有在我唱歌的时候发生。

正如我在本节开头所说，喂养孩子的方式不仅会对他的饮食行为产生影响，而且也会影响他的心理健康。假如婴儿由于饥饿而哭喊，而父母却以生气和沉默拒绝来回应，那么这个孩子可能会产生一种与食物有关的生存恐惧，以后他可能会把食物与拒绝、不让活下去联系在一起。在这时食物就不是一种享受，不是一种生存的手段，而是一种威胁甚至是毁灭。后果可能是一种强迫限制自己的饮食行为，并希望把那些吃下去的威胁性食物重新吐出来。

如果婴儿饱了，饥饿对它来说就是一个可以被积极解决的问题。如果喂食不足或过量，婴儿就缺少了这种积极的经历。成年后，这很容易导致女性无法维持一段关系。她们会重复这样的经历，总感到自己很糟。这种态度可以贯穿她们的一生，她们无法感知或允许积极正面的感觉存在，比如友情、满意、愉快。

我今天已经比一年前感觉好多了，甚至偶尔也感受到自己的魅力。但我有一种感觉，如果我生活得太好了就会遭报应。于是我抢在报应出现之前就开始贬低自己：我很糟，很可恨。我不让自己有较长时间的好感觉，好像幸福后面必定会有灾难。有时我相信乐极生悲，要为快乐付出代价。

这种不能和不允许长时间有正面情绪的想法，可能是一种“追求消极情绪的癖好”。这些女性会以从内心贬低批评自己、对自己的优点视而不见等方式来制造那种不良的感觉。日常工作她们做得很好，有些情景使她们感觉舒服，但她们对此毫无察觉，自然更不会把这看作是自我肯定的原因。而贪吃的嗜好和不如意的人际关系，使她们感觉很糟糕。

“我说的你都要接受”

儿童不仅要得到身体所需的食物，也要获得心理上的食粮，如信息、观点、指示、思想等。精神病医师弗雷德里克·佩尔斯认为教育在西方文化中可以促进被他称之为“牙齿障碍”[1]的观点。与此相符的是一种不加批评的态度，即每一个人要接纳自己获得的一切，不用管它的意义是什么，也不能根据“自己的口味”来做取舍。批评、质疑和好奇都是不受欢迎或不允许的行为。在德意志民族中，服从的教育肯定是一种根深蒂固的传统——在养育孩子时，在任何情况下都给孩子批评和质疑的权限。虽然在过去的几十年中，这种教育逐渐被很多人质疑，与之相反的极端情况也并不少见：孩子占据了太多空间，以至于母亲被忽视，孩子受到的限制过少。

这两种教育方式都加剧了亲子关系的紧张，并且经常以父母的绝望告终。孩子被迫遵守父母的指示，或者父母因为无法坚持而放弃，有时甚至迷失方向。然而，更加符合孩子需求和特质的态度是鼓励孩

[1] 直译词，属于作者为了表达观点自创的词，并非医学上真正存在的疾病。

子发展真实自我，并且避免孩子无差别地接受所有新闻、信息和广告标语等外部信息。

这种现象在当今的社交媒体中反复出现：假新闻被人们不假思索地相信和吸收，甚至被当作绝对真理传播开去。人们不能对问题的争议性进行讨论，因为表达相反意见被当成一种威胁。每个人都完全认同了各自获得的内容，它不仅成为自己的意见，甚至成为自我的一部分。然后，对内容的批评就演变成了对个人的攻击。

佩尔斯称这种把别人的意见囫囵吞枣一并接受的现象为“完全摄取”[1]。它们被全盘接受，被名副其实地摄取，然而它们就像闯入机体的一种异物，无法融合，因为它不是人体的一部分，而是一种独立的存在。“完全摄取”出现在发展的早期阶段，即婴儿期，在这个时期，婴儿与环境是一回事。随着心理的不断成熟，摄取出现了分化。儿童不再接纳一切，而是能对信息加以选择。然而如果由于强迫适应，儿童过早出现这种能力的缺陷，那么这种人的早期摄取形式会一直保留到成年，可想而知这种人今后的依赖性是很强的，自我意识很少，因为他们没有自己的观点，或者不允许自己发表意见。他们会感激地采纳别人的意见，并且无法选择哪一个对他来说是正确的。他们没有自己的评估标准，所以常常依赖外部的榜样。

---

[1]　摄取是指外界事物各方面被摄入或融入内部的自我中，从而内部表象接替外部对象的心理机能的过程。——译者注

女性自恋者和有饮食障碍的女性特别引人注目，她们不仅吃许多“根本”不想吃的东西，而且还做她们根本不想做的事。也就是说，她们不加选择地把能得到的东西都塞进嘴里，也不问一下是不是想做这件事就都去做了。

她们对规则也同样如此。她们希望有一些她们能够遵守的固定规章制度。在治疗时，这些女性患者不问缘由地接受各种指示。她们表现得非常“顺从”，即使这些指示明显不利于她们的康复，她们也不敢提出反对意见。她们会“遵照这些指示去做”，或者期待诊所和治疗师修正指示。她们不考虑这些指示是否有利，不去力争对自己眼下有利的其他治疗手段，而是完全接受。“你究竟想要什么”的问题会引起她们的不安和疑虑。不安是因为她们根本不知道自己想要什么，疑虑是因为她们根本不敢表达自己的愿望，但事实上这些愿望别人会认真考虑的。

波尔斯特夫妇认为这是一种三合一的摄取倾向：“没有耐心、懒惰和贪婪。没有耐心是指迅速地接受任何一种东西；懒惰是在艰苦的工作中立刻接受别人意见的做法；贪婪是指得到的东西越多越好，越快越好。所有这些倾向就构成了完全摄取。”

这三种倾向在女性自恋者身上经常可以看到。她们几乎不想花时间治疗，最好马上就康复（没有耐心）。别人说的她们立刻接受，避免自己负责任，避免独立思考，困难的事最好别人去做，与其自己绞尽脑汁去思考该怎么做，还不如问问别人并且适应（懒惰）。贪婪是指无节制地“要接受尽可能多的治疗”。她们对属于哪一个特定的治疗团体并不会很关心，但却怕错过某一些治疗，担心治疗时间太短而吃亏。她们认为只有接受更多的治疗才会有进展，她们才能改善病情。

这与饮食行为的类比很有趣。如果吃得过多，通常人们就不会觉得味道好。她们只是把面前的东西都吃下去，而不去管它是一道什么菜，合不合自己的口味，也不会细嚼慢咽。就像站着吃饭或吃袋装食物的人一般不会有什么耐心，她们不会等食物都做好才坐到桌旁去吃。贪婪表现为尽管已经吃饱了，还对食物狼吞虎咽。“很奇怪，我的肚子早就饱了，但我的嘴还要吃。”一个暴食症病人这样描述她的感受。

儿童从父母、其他人或机构（学校、教堂、协会等）那儿接受意见、规章、禁令、指示、许可、价值观和道德观。父母的行为不仅有批评的，也有爱的、亲近的。这些都给儿童的生活和行为指明了方向。人身上负责储存这些内容的“机构”被称为超我良知或父母的自我[1]。人的完全摄取倾向越强烈，那么完全接受别人观点的意愿也就越高。这种人是不会发展出成熟超我的，而是会不加改变地接受父母

[1]　这些概念不仅仅是同义词，因为它们来自不同的理论模型，因此在内容上并不相同。然而，广义上讲，它们描述了类似的现象。

的形象，并将其作为自己一生的目标。她们经常了解别人的行为，然后把别人的所作所为当作自己行为的准则。

自恋者的超我主要由规定的要求、禁令、指示和崇高理想所组成，这些通常由父母传授给孩子。由此可以解释这些人对自己极其严厉的原因。她们对自己所有的行为和想法都持负面态度，希望自己有更强的能力，并“毫不怜悯地”对待自己。她们内心的“检察官”检验所有的感觉，只有很少的情感被表达出来，而她们究竟是怎样的以及感受到什么，则被一种绝对的禁令所掩盖。所有的手段都是做给世界和自己看的，所以，过于严厉的良心是攻击自己的一种方式，它通过指控把良知的体验变成了惩罚，无拘无束的行为和本能的反应在这些人身上会引起负罪感或自我贬低，因为她们对自己无能为力。但她们又不去批评自己严厉的超我以及对它的完全依赖，而是把攻击的矛头对准自己。

一种僵硬的、强制的超我，意味着这个人有许多内在的禁令，使他的许多本能行为受到限制：“不许做这件事，那件事要做好，不能大声笑，要努力，要体面，一切都要做好，最好是做到200%。”这些指令得不到满足，事实上也是不可能达到的，因为没有人是完美的，于是接踵而来的是以贬低和辱骂为形式的内在自我谴责：“我好笨，我把事情都搞砸了，我什么事都做不好。”在这种拒绝和失望中没有安慰的声音，这让她认为自己对这一切都负有责任。她所缺乏的是对自己的深切理解和接受。如果一个女性缺乏童年正常发展或被迫成长，她就不会有耐心，对自己很严厉，自我贬低，觉得自己毫无价值。如果人们做什么都不能让父母满意，被长期控制言谈举止，不能自己决定不做什么，就会失去所有自信。那些受影响的人所经历的不耐烦和拒绝，现在正在变成她们对待自己的方式。过去她们怎么做，现在仍然怎么做，对他人也是如此，禁止自己做的事也不允许别人做。

当身体不属于自己

对自己身体持积极态度是对自己态度积极的前提，因为没有一种自我意识是没有身体意识的。不仅身体属于我，我也属于我的身体。所以，我们会像关注和评价自己的身体那样去关注和评价自己。

是否只有少数女性能真正感受到她们的身体，而不是根据对自己身体的幻想来改变自己？根据我的经验，不仅是那些有饮食障碍的女性感觉到自己太胖，还有一些女性也对自己的体重总感到不满，期望能在原有体重的基础上减少几公斤。一些时装杂志和食品厂商就迎合女性的这种想法，不断推出新的节食方法和食谱。它们给人这样一种错觉，好像那些食谱不仅能让她们获得所期望的“魔鬼身材”，而且也能换来一个积极的自我形象。此外，还有整容手术，它承诺给女性理想的外表，增强其自我接纳：“只有当我美丽，我才是一个有价值的人。”

这种想法注定是失败的，尽管女性和异想天开的销售者都不想承认这种失败。后者是出于经济上的利益，而前者则希望出现一次奇迹，明天一早醒来她又瘦又美，那就太幸运了。

但是幸福不仅仅是美丽和苗条，甚至可以说苗条和美丽并不一定是幸福的一部分，而接受自己的身体、善待自己的身体才会使人幸福。我们不应该吃得太多或太少（更不要人为地催吐），好好照顾它，让它动静结合，不过度消耗身体，不会因为减脂而受伤；为了实现这些，身体首先要被感知，然后女性才能自己在身体里感知自己。许多接受治疗的女性告诉我，这非常困难，甚至几乎不可能。

与身体相关的消极表现，主要是女性利用身体帮助她们进行虚假自我的功能调节。一方面，她们要外表好看、苗条、瘦并且健康，这就是为什么她们经常过度运动，开展健身计划、节食甚至催吐来挑战体能极限。另一个极端是对身体的忽视，不想吃饭，也不注意照顾自己的身体。自然而然，她们就失去了与身体的连接或从来没有过连接。

结果，身体不断受到批评和贬低，因为有些部位太胖而有些部位太瘦，导致女性不想身体被别人看到。不仅体重严重超标的女性不想使用游泳池和桑拿房，一些体重正常的女性也会认为自己太胖。这种情况往往会导致身体感知紊乱，这是一种身体意象障碍。所谓身体意象，是人们对自己身体的形象和体验的理解，还有对其程度的理解。身体意象障碍的人无法用现实的、合适的方式来评估自己的身材，而是认为自己比实际更胖或更瘦。尤其是苗条的女性常常觉得自己更胖，而胖的女性常常觉得自己更苗条。这种感知障碍可能最终导致患者患上身体畸形恐惧症，受此影响的人感到自己丑陋，甚至毁容，尽管客观上她们没有明显的外貌缺陷。她们过于担心自己的外貌，把注意力集中在她们认为畸形的身体的某些部位。

过去有一个叫贡蒂的女患者，她就有这样的问题，她认为自己的肚子太大。当她来我们诊所时，一点也不肯放松对腰腹部的尺码控制，她自己却浑然不知，因为她已经完全习惯了。她强迫自己瘦下去，连呼吸也受到了影响，也不能自如地感受自己。如果不收腹凹肚，她就不能接受自己的腹部：

我梦想的漂亮就是没有小肚子的苗条，但我达不到这一标准，因为我的肚子已与其他部位不成比例了。不久前我还在想，如果没有小肚子我就太幸运了。所以，我试图通过每天锻炼消除它，但毫无作用。尽管腹部肌肉已经练得非常强壮，但上面仍有脂肪。我还会继续练，因为我怕一不练，肚子又会变大。我不喜欢它。它不属于我，我想把它收紧，清除。它是我不想要的外来者。

接受整容手术似乎只是一小步。

身体意象障碍当然也与我们拥有共识的那种理想中的美的标准有关，人们往往把漂亮与苗条画等号，其标准当然不是自己的身体，而是苗条的模特。如果这样来做比较，那只有极少数女性是符合标准的，所以大多数人都会觉得自己太胖了。事实上她们仅仅比模特稍稍胖了一点，根本不能作为她们太胖的理由。在本部分的最后一节“美的典范”，我会详细解说。

这里还有一些女性对自己身体感觉的描述：

我和我的身体没有关系。我的身体是我的负担。

和我的身体的关系正在发生很大的变化。有的时候我感到不舒服、僵硬、饱胀、紧张、有负罪感，有时又感到自己的身体很好。这一切都受心理状态的影响。

我觉得自己又丑又胖，恨不得把自己从身体里分离出来。我对自己的身体有一种混合的感觉，它非常敏感地反映了我的心理感受。

我喜欢我的身材，但我一直都觉得现在自己太胖了，以前我很苗条。

如果身体使我感到疼痛，我会先记下来。我对自己的感觉迟钝，比如对饥饿和寒冷。自我感觉不是很好（大多数时候感到自己胖乎乎的）。我不能接受自己。我有一些奇特的理想观，尽管我的身体告诉我这一切是次要的。

我讨厌我的身体，我觉得我的身材令人厌恶。

这些女性对自己的身体有时会全盘否定，有时又好像可以接受。其实她们的体重和身体状态都正常，这意味着她们的体重和体格协调，所以她们对自己的负面判断是建立在对自己身体的歪曲知觉和拒绝自己的基础上的，不能接受自己的人也不会接受自己的身体。

除了追求尽善尽美，身体意象障碍的另一个根源产生于婴儿期。身体模式的第一个基础是婴儿和主要照料者接触时的经历，吃饱或没饱的感觉会影响婴儿内部边界的形成。通过皮肤和身体接触，婴儿又获得了一种外部的身体边界。这种身体的自我源自两个方面，“身体形象的内在核心和身体边界的外部层面”。构成自我的核心是婴儿内在的感受。显然有兴趣和没兴趣、饱了和没饱等最初的经历对以后自我体验和身体的自我将会产生影响：皮肤作为接触的器官，在这儿具有两个方面的意义——一方面它提供热量，另一方面它也是婴儿与母亲交往的器官。接触和由此产生的身体感觉，影响了机体感觉和外部身体边界的发展。

在成长过程中，孩子形成了自己的身体边界和维度。如果独立受到阻碍，那么不仅孩子的自主性受到限制，身体的体验也受到限制。成年后，这些人将很难感受到自己和他人之间的界限，也很难知道“什么地方”是他身体的终点。许多人把他们不断增加的恐惧描述为害怕占用太多的空间和地方。

抚摸和拥抱等身体的刺激对儿童的健康发展是非常重要的，正如我们今天在婴儿护理和育儿经验中所知道的那样。当一个孩子尖叫时，把他抱在怀里，他可以更快地平静下来。早产儿通过抚摸也能成长得更好。

我们知道有些原始部落民族在孩子出生的头一年会把孩子捆在自己身上。在巴厘岛上流传着这样一种传说：婴儿在头6个月里属于上帝，所以他们的脚不能沾地。在这段时间里，大人只能把婴儿轮流抱在手里，把他们从一个人的手上交到另一个人手上，直到他们能自己站立为止。巴厘岛人以友好和性格温和而闻名，这可能要归功于在出生后头几个月里的这种正面的人际交往。

西方国家的文化对抚摸是极其敌视的，这一现象从儿童教育期开始，一直到成人期都是如此。因此在大多数自恋女性的原生家庭中，明显缺乏身体接触也就不足为奇了。自身有身体接触障碍的女性当然也无法向她们的孩子传授这方面的技能，母亲对孩子身体的反应方式也会影响女性今后对自己身体的看法。因此，对孩子身体的攻击、过早或过于严格的如厕训练，会妨碍自然的、积极的身体发展。

心理分析师爱利克·埃里克森认为，父母过分地干涉以致孩子丧失自我控制，将会使孩子产生疑惑和羞愧之心。许多女性患者曾说她们的母亲和祖母对她们进行过于严厉的如厕训练，对她们的适应性要求很高。过分强调大小便后要清理干净和对女儿身体的操纵（灌肠、使用开塞露等）会超越身体的界限，导致孩子产生羞愧和丢脸的感觉。这种身体教育很少注重愉快体验和对身体过程的认识，而是强调训练和对周围“正常”情况的适应，所以这些女性成年后就必然会表现出羞愧、负罪感、追求尽善尽美、不允许自己出错的特征。在今天，这种人身攻击发生的频率降低了很多，因为人们已经对如厕训练进行了反思。然而，适当的身体意象的发展仍然是必须做的事情。

依恋和分离

发展心理学研究证实了产生依恋对婴儿的重要性。在成长中没有和父母产生稳定依恋的孩子不仅在情感和认知上发展得更差，而且更容易忽视情感以及发生身体暴力。没有和父母或其他照料者产生依恋的孩子，更容易被遗忘或被错误对待。父母感觉孩子扰乱自己的生活规划，感到很大压力也会妨碍建立一个稳定的依恋，并导致孩子有被拒绝的感觉。

人天生就具有社会属性，也就是说需要与人交往，并在婴儿时期就积极地寻找交往的对象。缺乏稳定可靠的照料者，缺少建立稳定关系的可能性，将会对人心理的发展造成不同程度的影响。除了温饱外，人最中心的需求是情感和身体的亲近和依恋。根据精神病学家斯塔夫罗斯·门佐斯所说，儿童需要“安全、皮肤接触、温暖、紧紧搂抱和保护”。如果这些方面受到挫折，将对关系和自我体验造成强烈的伤害。

因为人总是生活在一定的关系中，所以他的自我也就由这种关系的经历而形成。这种关系塑造了以后的自我形象。愉快的经历促进了一种积极自我的形成，而挫折的经历则形成了消极的自我。这里起作用的不仅是儿童与外界的实际关系，更重要的是他与此有关的能触动他的经历。所以，对儿童过于细心的照料可能会使他有不正常的依赖感；但过早过分地强调自主，儿童就会产生孤独感和被抛弃感。这两种情况都是父母试图做到“最好”，却对儿童产生了消极的影响。

在幼儿期，内化的亲子经历塑造了儿童的自我体验，也塑造了儿童以后的交往方式。交往越深入，相互的依恋就越强烈。良好的依恋包括人与人之间的积极交流，这包括理解、爱的关注、支持、身体接触以及思想和感情的交流：我能联系到其他人，触摸他，无论是身体上还是精神上。在治疗结束时，一位患者写下了她是如何学会建立依恋的：

> 与过去不同，我不再试图与治疗团体中的所有70个人建立很肤浅的联系，而是有意识地与我喜欢的少数几个人交往，与他们形成了一种真正的亲密关系。我知道了如何避免与人亲近和如何才能与人亲近。我现在知道只需要与少数人进行真正的交往，因为这些人能给我内心带来温暖和满足。

形成短期依恋的能力比形成长期、积极依恋的能力更常见。这意味着要允许其他人靠近并接近她。

我很伤心，对自己很失望，因为我忽然发现自己根本不能接纳“别人”，也没有人能进入我内心。我也发现，如果我努力盯着别人的眼睛看，我也会喜欢他们，很高兴他们在那儿。我认为我必须慢慢重新学习，可以相信别人对我的印象很好，也能接纳我。我认为我最欠缺的是体贴和关怀。眼下我还有一种非常令人不快的感受，我觉得我已经慢慢地从心脏开始腐烂了。我感到压抑和一种不确定的空虚，我想这就是害怕。

这就是一个女患者的感受。她在写这段话的时候，由于交往和依恋方面有障碍，正在接受治疗。在描述中她把感受和身体感觉做了类比：她谈到不能接纳他人（没有人能进入她“内心”），同时感到心脏部位已经腐烂空虚。身体层面的心脏就代表着人的感受，尤其是爱、接纳、关注，也就是所有的“心的感受”。体验到心脏部位的腐烂和空虚，就清楚地表达出她体验到与别人没有依恋感，以致缺乏感受。

克尔斯汀的经历就是这样一个例子。母亲和孩子之间缺乏依恋，结果她把安全和紧紧搂抱的愿望迁移到一个过渡对象上。缺乏与母亲的依恋，似乎可以用对她喜欢的枕头的依恋来代替。从母亲那儿得不到的东西在枕头那儿都能满足，她会对着枕头说话，好像它就是一个人。克尔斯汀在讲述时非常激动，当她说到这个枕头对她来说是何等的重要，它就是她失落的见证时，痛哭流涕。

我出生后就有了这个我喜欢的枕头，它是我最最重要的伙伴，过去如此，以后也将如此。如果没有这个枕头，对我来说是难以想象的。任何其他东西都可以被毁，尽管有的我也很喜欢，但如果失去了这个枕头，那将是最糟糕的事，它是我最心爱的东西，我唯一一个不愿失去的东西。我确实喜欢这个枕头，我可以抱着它接吻。它什么也不会对我干，但它能保护我，它一直为我而存在，听我说话，它了解我的眼泪和我的一切。如果任何一个人要拿走我的枕头，我知道虽然这不至于杀了我，但会使我发疯。我也不愿别人碰它，除了我的弟弟（他也是我最重要的一个人）。

我称它为“软绵绵的枕头”。软绵绵表达了手指尖的某种触感。其他人都有身体的接触，从孩童起就有，而我只能与软绵绵的枕头接触。它对我来说是一种巨大的安慰。其他人在母亲的怀抱中得到抚摸和关怀，而我只有软绵绵的枕头。当我还是孩子时，害怕时不是躲到母亲或其他人的身后，而是拿起我软绵绵的枕头。每当我害怕时，干脆就紧抓枕头。我母亲过去总是以拿走枕头作为对我的惩罚，这使我非常伤心。我不得不向她哀求，请求取回它，但不能如愿，于是我常常偷偷地把它拿回来。我不懂，我已经什么都没有了，为什么她还要拿走它，也许这是对我枕头的一种嫉妒。我认为这太卑鄙了。

这个例子表明，依恋不仅可以与人，也可以与物体（比如绒毛玩具动物、可爱的枕头）、观念、风景和地方。一个人最内在的需求是归属感和建立连接，是依恋的愿望。但连接也包括分离。克尔斯汀再次说道：

我虽然被母亲忽略，感到被抛弃，但我根本就没有经历过完全正常的分离痛苦，也没有与她分离。我也没有真正的亲近，没有依恋。当然，我可能根本没有分离过，为了分离我必须先连接自己。

从这段话中可以明确地看到依恋和分离是不可分割的一个整体，离开了一个，另一个也就不存在了。如果没有一种真正的依恋，也就不会分离以求得新的依恋。

这里讨论的每一种依恋本身就已经具有分离和对分离的准备。这种分离是与悲伤和痛苦有关联的，因为只有当分离发生时，一种新的关系才可能建立。如果不悲伤就不会形成依恋。

如同依恋那样，分离、个性形成和走向独立也是人类的基本需要。儿童天生追求独立，当儿童能走路了，他就会离开母亲。这一事实表明了一种自然的、天生的需要，从发展的某一个阶段起他就要摆脱母亲，从而形成自己的个性。在每一个新的发展阶段，儿童都看到了内容不同的依恋和分离的冲突，所以这种分离是一种基本的冲突形式。

女性自恋者并不是完全的无依恋，但她们只具有有限的依恋能力。她们根据早期的经历对亲密关系具有矛盾的看法。一方面她们在孩提时代经常遭到拒绝，另一方面又被过分看重，因为她们在家里是一个特殊的存在，或者被过度保护。她们所经历的依恋，总是与自恋剥削和禁止分离联系在一起。所以，她们发展出一种依恋的观点，它与人在青少年时期的自我认同感是同义的。她们能够产生一定程度的依恋，但以自暴自弃为代价，她们不知道这就是独立。

在今天的依恋研究中，区分了安全依恋和不安全依恋的儿童。“安全依恋的孩子可以忍受分离带来的不开心，愉快地迎接母亲回来，然后回到安全的探索行为（通过好奇地探查环境）。”没有安全感的人要么害怕地避免产生关系，拒绝他人，要么矛盾地对待他人。

在男性傲慢、开放式的自恋中，回避型依恋占上风；在女性自恋中则隐藏着矛盾。

总体上，安全的依恋经历对于健康自恋的发展具有相当重要的作用。

当分离意味着抛弃

分离情景在自恋人格结构关系中处在中心的位置。它对自我价值很弱的女性来说是一种极限的体验，她们对此的反应是强烈的孤独感和恐惧。搬离父母家、被伴侣抛弃都是分离场景，也都是暴食障碍最常见的诱发情况。对分离经历的强烈反应表明，安全的依恋并没有形成，而是被融合共生所取代。与已经离开的人的融合越强，分离越痛苦和危险。害怕孤独表明自我是多么脆弱，女性在自我中发现的安全感是多么少。她们觉得自己很不安全。如果缺少伴侣或家人等外界的支持，她们就像小女孩那样感到孤独和被抛弃。她们没有可以依赖的、能给她们提供安全的稳定自我。

这种不安全感像是经历一个黑洞或深渊，陷入无边的虚无，没有依靠和不断下沉。这种经历非常接近孩子在情感上被抛弃的体验。孤独感会引发孩提时代自我疏远的创伤，它与许多痛苦相联系，以致当事人害怕无法忍受。在这种背景下，女性的依附行为可被视为一种尝试弥补安全感的方式。

对我们以前的患者克尔斯汀来说，分离和被抛弃的体验是她一生的重要经验，这些东西与她构成了一个整体。

我想我之所以对交往如此害怕，是因为我总认为别人最后会抛弃我。他们总会离我而去，因为我无足轻重。孤独感和对抛弃的恐惧是我最严重的问题。这起始于我母亲的酗酒时期。她如果不喝酒，绝对是非常关心我的，对我很宠爱。但如果她喝了酒，就对我不闻不问，完全变成另一个人。我能回想起自己还是一个小女孩时，常常一个人沿街而走，感到非常孤独。其他孩子在星期天都能待在家里，他们都有一个舒适的家，而我却没有。我不能加入到这些女孩的小团体之中，我只能看着她们，但始终保持着一定的距离。我总认为我过去和现在都跟她们不一样，尽管我知道其实我过去和现在都与她们是一样的。

我父亲也常常离开我。当他第一次离开我的时候我才5岁。我冲着他的背影喊着让他回来，但我只听到关门声，他连头也不回。那时我就知道我对他来说根本不重要，所以他才不回头。父亲第二次离开我是他搬出去住，突然销声匿迹。那年我10岁。我当时想，他这样做就是不爱我。今天我仍这么认为，我不值得被爱。即使我不在也不会引起人们的注意，没有人会在背后讨论我。

由于这些早期的孤独体验，时至成年克尔斯汀仍害怕被别人抛弃。从这个意义上说，她总把自己归入被抛弃的女孩行列，因为她始终有早年的那种孤独和没人爱的体验。另一方面，她又有与早期分离有关的感受，但却没有察觉到小女孩时的痛苦和绝望。做不到这一点，她就无法从早期分离的痛苦中解脱。相反，她根据自己是一个被抛弃孩子的生活模式，经常重现分离的情景，同时没有把此看作是一种最终化解过去痛苦感受的机会。她之所以做不到这一点，是因为她在回避分离时的告别："如果我要离开就一走了之，没有眼泪，关闭所有的感觉，别人再也不会想起我。"她以这种心态一直保持着旧的生活方式，不被人爱，感到被人抛弃。然而与此同时，这种心态也保护她免受痛苦和创伤性的情感打击。

即使是短期的分离也可能被看作是自恋创伤。如果没人满足她们的需要，她们就用食物和其他的上瘾性物品来代替。自恋女性难以自我安慰，所以很依赖外界来安慰和关注自己。上瘾性的物品旨在弥补自恋带来的创伤，并提供安慰。尤其有自恋人格障碍的人，在失去同伴和亲人时会更专注于吃喝。摄取食物的行为是为了替代与已经失去的人的共生，以支撑脆弱的自我。

俗话说，一个人"忧伤时会长脂肪"，因为当他处于悲伤或孤独的情景中时，为了慰藉自己会大量地吃东西。食物可以填补内心的空虚，它可以替代性地安慰悲伤和绝望，满足对依赖和支持的强烈需要。情感饥饿、一无所得、得不到关注的恐惧等，会转变为生理上的饥饿和对食物的需要。这里的食物（不管是不是过量）是人在孤独和恐惧下得不到外界支持而无法维持自尊的表现。

独处的时间被自恋者体验成孤独或者被抛弃。这些女性在孤独时就想方设法给自己设想一些活动以填补“内心的空虚”，如何愉快地度过这段时间就成了一个大问题。她们非常害怕空闲的时间——没有安排的周末和必须独处的晚上。如果没有诸如关注和认可等外部因素，也就是说能填补生活空虚的东西都突然消失的话，她们的自我体验就会有崩溃的危险。

如果女性的融合共生需求在一段关系中得不到满足，被遗弃的感觉就会产生。如果伴侣的反应不同于她的想象，则可能导致焦虑恐慌，并体现在爆发愤怒或过度寻找。因为此时此刻，女性明白伴侣是一个独立的人。这使她非常害怕，害怕失去给予她支持和价值的理想伴侣。她没有学会接受和欣赏人与人之间的差异和分离，而是以孩子般的恐惧、仇恨和伤害来回应它们。

如果一个女性在独处期间经历生存恐惧，度日如年，或者无法做到短暂离开另一人生活，那她就是以出生后头一年中已形成的婴儿时期的感觉来对分离做出反应。

在这方面，人们谈到自我状态或自我部分，这些状态或自我部分在幼儿期几乎已经分裂，通常都是在没有意识到的情况下决定当前的行为、思维、感觉和身体感觉，来推动自己的生活。就像在幼儿期照料人的不在场将会使儿童产生不安全和生存危机感那样，成年女性也会把分离与被毁灭的恐惧联系起来，因为她心理的一部分是在这一发展阶段定型的。这类女性虽然年龄不小，但行为多变，心理上有些方面没有得到充分的发展，所以在分离的情景中总是做出这样的反应，好像没有其他的选择。

事实上，她性格中的“儿童”部分除了对不确定性做出激烈反应，别无他法，因为她没有学会其他的反应形式。但是，如果这种自我状态随后被安抚、保护和好好照顾，就可以被整合。通过这种方式，成年女性可以逐渐地探索新的方式，发展积极的思想和根据情景选择不同的行为方式。

治疗性支持往往是有帮助的，甚至常常是必要的，因为自我状态往往是创伤性事件的结果。在自恋的发展中，这些主要涉及自恋剥削、物理和心理遗弃以及因排斥和贬低而造成的自尊伤害。

在许多情况下，它们可以被理解为发育创伤，正如美国著名的创伤治疗师彼得·莱文所描述的那样。创伤性经历抑制了自然发育过程，就像河里的大石头阻塞了水流，水流必须寻找其他途径。人类也失去了畅通的水流，因此无法完成相应的发展使命。她沉浸在以前的痛苦和恐惧中，相应地以恐惧和被遗弃的感觉对其他经历做出反应。因此，受影响的女性必须移除阻塞水流的石块，以便将孩童部分和成年后的自己融合在一起。

如果女性在他人离开的情况下经历一个生理和心理没有危险的状态，而他人又回来了，那么分离期间的恐慌和对生存的不安就会逐渐减少。在治疗关系中，对方的可靠性提供了有针对性和有意识地体验这个过程的机会。怀疑、恐惧和困难等情绪可以在稳定关系的基础上，在与治疗团体的治疗师或病友的交往中得到治愈。但是，即使在支持性而非治疗性的关系中，这种学习过程也可以通过与伴侣和建立一个逐步稳定的信任关系来实现。

尽管我们都被过去所塑造，但我们不是它的受害者。

依赖和自主之间的冲突

在自我价值很弱的女性的生活中，自主和依赖间的冲突是很重要的因素。她们在整合这两者时常常失败，以至于她们把自主和依赖完全隔离开。

依赖行为绝大部分很早就形成了。与母亲和父亲的分离表达了他们对距离的需要。为了能成功地实现这一点，儿童需要父母的支持和允许。如果母亲把孩子的自主和分离的企图视作一种危险，那么她就会阻止而不是促进它。由此就产生了一种危险的现象，即融合共生的延续，孩子仍依赖母亲。母亲想把孩子和自己拴在一起的动机是各式各样的，最常见的与母亲自身的分离恐惧有关，因为分离总是包含着痛苦和悲伤。如果不发生分离，这种感受就可以避免，人们仍可以生活在依赖中。母亲只有在自己想放手时才会让孩子独立。

向儿童发出不能分离的信号还有另一层意思："只有留在我身边，你才能得到你想要的东西。如果你离开我，就得不到我的爱了。"由此儿童就会产生恐惧。如果他想与母亲保持距离，就会感到被抛弃，因为他不再能得到母亲的支持。这样他就陷入了与强烈的愤怒和空虚相关的孤独或被毁灭的体验之中。于是，儿童为了留在母亲的身边而服从母亲的要求，但必须为此拒绝自己的分离倾向。于是这种倾向就被压抑并被贴上“不好”的标签，“好”孩子自然要听话，不能与母亲分离，而“不好”的孩子则会发脾气，要独立，当然这要冒着失去母亲支持的风险。

尽管分离的倾向受到约束，但它还是存在的，在成年期表现为神经质症状或暴食。要求独立的一面，在症状中会尽情地表现出来。“我只有在暴饮暴食的时候才能表现出真正的自我，因为那个时候没有人再来对我说教或要求我什么。我终于又成为真正的我了。”

另一种表现就是抗拒，它表现为保持距离和自己的空间，但这一切都必定以不满意和关系的丧失为代价。在对伴侣的反抗中，女性感受到了她的力量和个性，她们会把这和独立自主混淆。这种混淆阻止了她的屈服，但却让她失去了与伴侣的亲密关系。没有团结的“我们”和彼此，只有一个“我”对抗一个“你”，她不想被压制。如果只有通过疾病和自我毁灭才能实现分离、自主和划界，这是不能令人满意的。她们像一个失败者那样体验这个危险的世界，以证明独立性是不好的。“好妈妈”的内心声音——不想让孩子离开——加强了这一点：“我刚才已经说了，留在我身边，不要单独去做这件事。”以这种方式是无法把追求独立和依恋的需求整合起来的，康拉德·斯陶斯这样描述：“因为儿童屈从于融合共生的愿望，所以害怕失去。在放弃分离愿望的同时，他们会产生对分离的恐惧（孤独的沮丧）。”所以，人们可以用“稳定—不稳定”来描述孩子与母亲的关系，也就是说，这种关系虽然一直保持着，可以说是稳定的，但孩子内心却是不稳定的，因为它始终在亲近和疏远之间摇摆。

要么适应，要么自主，不能两者兼而有之——女性的体验和她们的早期经历常常是矛盾的。在早期的经历中，爱和关注是以牺牲独立和个性为代价的。于是成年女性在亲密交往中要么放弃自我，要么索性独自一人。她没有学会在一段关系中去追求独立。爱和自主两种相互排斥的体验方式，人们只能选择其中的一种，由此就会在关系中产生问题。

根据门佐斯的理论，依赖和自主之间的冲突是儿童发展和成人生活中的主要冲突。依恋和分离、进入和离开之间的转换从出生到死亡一直在不断地重复。儿童最初与母亲的共生依恋是对她的完全依赖，在这种依恋中，他逐渐学会脱离母亲，以便在新的发展阶段上重新接近她；同时儿童也与第三者建立依恋，以便与家庭分离而转向同龄人和其他家庭。随后少年必须学会与家庭分开，与自己的同伴交往。成年人也一直在体验交往和分离，比如孩子的出生以及与他们的分离。

女性自恋的个性化过程的特点是顺从和依赖性的教育，她们没有学习到自主、自我决定、攻击性划界和坚持自己观点。如果不允许有攻击性行为（这里的攻击性行为不仅可以理解为生气，还可看作向前发展的能量），那么答案只能是适应，以此方式来满足需求。否认和疾病等是攻击性转变为被动的反抗形式的表现。

儿童和少年治疗师卡琳·施耐德-海恩在谈到攻击性障碍时指出："不制造问题的听话女孩能顺从他人，并得到爱。"这些女孩不对抗母亲，"不违背她的意志"，不让母亲失望，母亲用失去自我的爱和无微不至的关心，使她看上去是在关心女儿。母亲很少给女儿提供一种分离和有攻击性行为的模式，她更多地显示出顺从和依赖别人意见的女性形象。她们清楚地知道别人需要什么，仿佛她们自己也需要这些东西。

一项全球早期青少年研究证实，全世界的儿童在幼年时就被迫扮演性别角色。结果表明，女孩应该如何成长为女人和男孩应该如何成为男人的想法仍然受到传统观念的影响。与父母让不让孩子扮演刻板的性别角色（例如是否让男孩玩洋娃娃，让女孩开车等行为）无关。[1]

女孩脆弱、男孩坚强独立这一刻板印象依然存在，这迫使女孩在顺从行为中扮演一种墨守成规的角色，伴随着由此产生的所有负面后果。

---

[1] 约翰霍普金斯大学的研究人员与世卫组织合作，在总共 15 个国家采访了 450 名 11 ～ 14 岁的儿童及其父母，了解他们的性别看法，并在《青少年健康杂志》上发表了结果。另请参阅 www.geastudy.org。

“自恋的最佳状态”

大约在18个月的时候，儿童的生活空间扩大了：他能自己走路，能离开母亲或走向母亲；他能探索空间，发现世界；由于语言能力不断发展，他的理解越来越准确。

儿童生来就有分离和独立的愿望，以及自主行为的能力，这与他们对自己的高度评价和觉得自己什么都行的想象有关，在儿童能独立行走时表现得最为明显。这一发展阶段是“儿童自恋”的最高峰，如果这时出现障碍，将会导致成年后产生自恋人格的特征。这体现在成人的“假性独立”的演化形式：“我不需要任何人，我只要自己就足够了。”就像这一阶段的儿童会这样想。他们自以为是，觉得自己什么都行。自大、觉得自己无所不能和关心自己是这个阶段的重要特征。儿童觉得他是世界的中心，要求得到无止境的关注。

但同时他感到自己的童年也有痛苦，因为他一个人时不像与父母在一起时那么能干。尽管他能独立做不少事情，但不是所有事情都能做。儿童体验到自身的两个方面：他的了不起（自以为是）和局限性（自卑感）。如果他不能通过父母的支持和与现实的对抗，把自以为是和自卑感两种感觉协调在一起，以适应现实，就会产生自恋的人格，要么感觉自己很了不起，要么很自卑。两者都是极端的：要么觉得自己像神一样万能，要么觉得自己完全低人一等。

是什么造成儿童没有学会把这两个方面协调起来呢？正如前面所述，自卑产生于早年的伤害、遭到拒绝和缺乏独立发展。如果儿童要求独立的愿望不被认可和支持，就会导致他们产生自卑感，因为儿童由独立而感受到的成就感和自豪感被压制了。儿童必须通过对母亲的依恋和与她融合共生来弥补这一缺陷，从这一共生中获得安全和力量。

另一方面，如果父母亲忽略帮助儿童在能与不能之间创造一种平衡，就会加重自大和自卑感融合的困难。在这期间，父母与儿童经常发生权力斗争，如果父母总是胜利者，那么儿童就会产生一种只有强大的父母才能有所成就，而他自己什么都不行的感觉。由此，他就会贬低自己的能力，觉得自己没有价值。

除了稳定的依恋，能力经验也是自我价值观发展的重要先决条件。孩子能够在适当的任务完成过程中体验能力，过高或者过低的要求会阻碍这种体验，减少自我发挥作用，减少孩子对自己能力的信心和对成功的信念。我们在许多自恋者中发现追求完美的倾向，完美是对能力经验不足的反应，他们试图得到钦佩，即使觉得自己并不值得。只有那些认为自己不够好的人，才会觉得完美才是成功，但是他们并不能为自己赢得这种成功，因为他们缺乏对自己表现的欣赏。这是一个恶性循环。

自卑感也是自恋者的自我中心主义的基础，它表达了对自身重要性的愿望。但以自我为中心也意味着不信任别人，只依赖自己。

处理自卑感的另一种方式是欣赏和理想化他人的能力，就像孩子所做的——他们体验到父母的绝对权力。另一方面，如果父母支持孩子做一些他力所能及的事情，那么孩子就能发展出一种对自己的客观评价。这样，他的独立性就能不断地发展，同时也会向父母寻求帮助，对父母的评价也更客观。如果父母向孩子承认自己的不足，让孩子体会到他们也有自己的需要和感受，孩子就能学会客观地认识父母：父母也不是无所不能的，有能力，有强项，也有不足。这样，儿童就不会被迫将父母理想化，不会一生都在追求成为无懈可击的人，通过与父母的接近，自己的价值也提高了。

虽然独立性越来越强，但儿童在这一发展阶段仍经常期望在父母那儿得到依靠。如果父母把这种期望讥笑为婴儿行为，并拒绝给儿童必要的支持，就会使他感到自卑。另一方面，如果儿童很少受挫折，他自以为是的自我就会过度膨胀起来。

如果儿童没有受过限制，他人对他的能力及所做的事过分赞扬，就会发生这种情况。在荷兰近年来的研究中，心理学家艾德·布鲁默尔曼发现，这种形式的自恋是通过父母的过分赞扬而发展起来的。父母坚信他们的孩子比其他人更独特，孩子们被无理地夸奖，这助长了他们的自大。老师们经常有这样的经历：家长用天赋为孩子的学业失败做辩护。一个健康的自尊因由父母热情温暖和适当的认可而形成。

如果不能把自以为是和自卑感限制在合理的范围内，孩子的自我就会受到伤害，因为不能形成一个健康的自我体验。反之，他们老是在自以为是和自卑间摇摆不定。这种人一生追求出人头地，只有这样他才能找到自我价值，或者他一直在寻求与他人的同一性，否则他就觉得自己毫无价值。根据心理学家斯蒂芬·约翰逊的说法，在这两种情况中，他们都是从自身之外寻找自我——在成就中或从他人那儿，或者从两者中。

自恋的成人必须学会在自主和依赖之间找到一种联系，也就是说，他可以得到帮助而又不会失去他的独立性。如果他的独立性和能力得到承认和支持，而同时又存在着依赖的空间，这种情况才会发生。我治疗过的许多女性，她们都没有这种一致的体验。有些人感到强大、独立，什么都在掌握之中；有些人感到无能、弱小和无依无靠。

有时我认为自己什么都能干，我有许多经历，也遭受过不少痛苦，接受过很多的治疗。如果我需要帮助，就会显得自己非常无能，这是我不期望发生的。如果我表现得很软弱，别人就会占上风，因为他知道我是多么软弱无能。于是他就会超过我，利用我的缺陷或在我的伤口上撒盐。我害怕由于自己表现得很软弱而被别人摧毁。那时别人就会来同情我，而我根本不需要别人的怜悯。我母亲总是这样，很可怕。我无论如何也不要别人的怜悯，比起怜悯，还不如嫉妒我，嫉妒我对生活把握得很好。我宁愿要嫉妒，也不要同情。

我是女孩还是男孩

一般来说，自我价值很弱的女性，她的女性身份发展是有限制的。父母常常认为她们“本应”是一个男孩，她们是带着这样的期望长大的。这一信息对女性的发展具有显著的作用。一方面儿童看到父母很失望，因为她们没有能满足他们的期待和希望；另一方面她们的女性身份发展比较困难，因为对“男孩价值”过分强调。女孩更多地被当作男孩，她的女性部分很少被注意。许多当事人讲述道，她们下辈子更愿意做一个男孩，更愿意和男孩一起玩耍，还可以四处游荡。但是因为她们是女孩，所以她们不得不否认女性的部分。关键在于以后的发展中，女孩是否真的是一个女孩，是否能毫无障碍地成为女人，还是由于早期的“塑造”，其女性身份被分割和否认。玛莱纳就是这样一种情况。她是家里第四个孩子，上面还有三个哥哥。

一般来说我认为自己有吸引力，但女性特征太少，因为我被当作第四个男孩来抚养。我必须穿哥哥们的旧衣服，不能留长发，不许穿裙子……

女性特征发展不完善的女孩成年后将会产生一些问题，最常见的是饮食障碍，因为在女性特征发育的关键期——青春期中，最常出现呕吐症状的是患有厌食症和暴食症的人。饮食障碍表明这些人的发育受到了干扰，这种女性无法找到真正的女性举止行为。厌食症、暴食暴饮和贪食症，都是女性身份有障碍的表现形式，其目的都是要改造身体，或者多些男子气，或者能长得胖一些，为了不使人们（男人）对她们有过多的注意。

比阿特的情况则不同，但这也导致她对自己的女性身份不确定。

她父母生第一个男孩时还非常年轻，这个男孩也是他们婚姻的基础。虽然父母期望有一个女孩，但比阿特却不符合父母的想象。他们期望有个传统观念中的娇柔、可爱的女孩，可惜她却恰恰相反。她长得高大、壮实、充满活力，从外表上看更像一个男孩。她感觉到，她从没被真正承认过是个女孩，可能因为她闭口不谈她遇到的困难。在家里根本没有解决问题的空间，父亲全部精力都在工作上，母亲忙于家务活。比阿特很小就学会不引人注意，隐藏自己的缺陷。从表面上看，她像家里其他人一样，是一个完美的小姑娘。

尽管竭力隐藏但她还是很显眼，因为她不像其他人那样苗条，而苗条在她家里能得到很高的评价。大家很早就非常注意她的外貌和身材。如果她吃巧克力，人们就会告诉她不该吃，因为这会使她长胖。如果她节食，也会有人问她为什么已经有一副好身材还要这样做。她在青春期就对自己的身体感到不安。

此外，她的表现不如她的兄弟，在家里处境艰难。她在成年后对这个问题的态度受到对女性形象恐惧的影响。她以男孩的行为来掩盖这种恐惧。她避免与男人交往，感觉到自己有性的欲望使她惊慌失措，更不要说性体验了。总的来说，她很少表露自己的情感，千方百计地对此加以否定。她的躯体感觉是混乱的。她认为自己肥胖，但又经常察觉不到。女性的话题常常使她害怕，虽然她也承认自己是一个女人，因为这是她无法改变的。但她不去积极地扮演这个角色，她的服饰就是非女性化的：她只穿裤子和与此相配的宽松毛衣，这种毛衣把她整个身体都裹了起来，没有人能看得出她的女性曲线。

另一种缺乏女性身份的表现，是渴望有吸引力和女性魅力。这些女性以马琳·博斯金德–洛达尔和乔伊斯·西林所说的过于强烈地认同女性角色的形式，生活在所谓的“扭曲的女性形象”中。她们过分强调自己的外表，试图通过化妆、衣柜里的衣服和苗条的身材来吸引人。

在性别认同的形成中，家庭中如何对待性以及它的相关话题也会对孩子产生影响。如果它被视作禁忌话题，谈论这些东西的人们会感到非常羞耻，家中就会充满恐惧和紧张的气氛。大家不敢谈论自己的身体，它的变化、月经和性欲。我的大多数病人既不知道月经周期，也不了解什么是性欲。但也有一些家庭不考虑界限的需要，这是一种“假开放”，不尊重每个家庭成员的私人空间，比如浴室门也要开着，当某人在洗澡时，其他人都可以进去。这使得成长中的女孩非常害怕。这两种情况对羞耻感的发展都缺少支持和保护。

性暴力的经历也会导致女孩和成年女性的性发育和情绪发展紊乱。女性在性别认同发展期间受到伤害，通常会使她们拒绝自己的身体，随之而来的是对女性身体线条和性欲的拒绝。

母亲是女性的榜样吗

由于早年性别发展障碍，这些自我价值很弱的女性以后在成年期面临着这样一个问题：女性对她们意味着什么？

一个女人该有怎样的行为？女性的特长是什么？一个女人的重要性表现在什么地方？这种女性在与母亲的关系中，大多拒绝母亲承担的那种女性角色，于是给自己的性别发展造成负面影响。

丽莎觉得母亲给她提供的女性模板特别没有吸引力，所以她拒绝这种生活的价值。她的母亲特别虔诚，希望每一个人做好自己的事。父亲把与孩子交往的责任完全托付给母亲，但母亲做不到这一点，因为她常常无法有效地与孩子交往，她对付不了孩子。所以到了晚上，父亲常常会对孩子进行惩罚。丽莎是孩子中最大的一个，所以常常要代弟妹们受过。因为母亲很软弱，需要帮助，也处理不了冲突，所以丽莎很早就承担起母亲的角色，尽管她能做的还很有限。现在她认为这些经验使得她缺乏母性、不想有自己的孩子，她将其与工作和义务联系在一起。她很少为自己操心，很少提要求，常常吃亏。她总是为丈夫和其他人服务，没有自己个人的需要。

丽莎的阐述使我联想起一幅传统妇女角色的漫画，丽莎恰恰是这样生活的。长期以来她一直拒绝做一个女性，为了不成为母亲那样的人，她需要逐渐地学会发展出一种与她协调的积极的女性形象，这样她才能生活得更美好。也就是说并不只有两种选择：像她母亲那样，或者完全拒绝女性角色。她完全可以发展自己的女性身份，这种身份包含了对上述两种模式的替代。

但是，逐渐长大的少女们今天找到了什么榜样呢？年纪轻轻就患有饮食障碍的女性数量越来越多，这一定不是一个好的苗头，即使我们在女性理解方面有了更多的开放性和灵活性。拒绝自己的外形和体重，实际上是对女性角色的否定，这与母亲有直接的关系。以下示例说明了这一点：

科杜拉，32岁，她一心想控制自己的体重。几个星期的住院治疗使她体重增加。由于在这几个星期中她饮食正常，体重总共增加了4公斤。但她一点儿也不显胖，体形很好，体重也与身高相称。然而，体重的增加是她最大的担忧，有时甚至使她惊慌失措。

但体重的增加不是她接受治疗的主要原因，与母亲的关系才是真正的问题。她母亲很胖，她无论如何不要像她那样。她从母亲那儿获得的是一个不可靠的女性形象，母亲对女儿过于苛求。她们经常争吵，母亲常常辱骂、甚至殴打科杜拉。“根本没人喜欢你。”母亲常常这么说她。科杜拉在青春期出于对母亲的害怕而常常撒谎。

由于体重增加，科杜拉想起了与母亲的那种不良关系，她害怕自己也会这么胖，并由此与母亲相比较。在治疗期间，她发现母亲给她“留下”的如此反面的印象，迄今还与她紧紧相连。科杜拉没有自己的生活，而是生活在她母亲的阴影下。

在治疗时，科杜拉非常生气，开始与她母亲划清界限，一直被压抑的对母亲的不满爆发出来了，她学会了说“不”。她懂得了哪部分是她科杜拉的，哪部分是她母亲的。她现在理解了她过去一直是属于母亲的，是她母亲的一部分。要成为一个女性，要有女性的形象，并不意味着必然要像她母亲那样：胖、苛求和拒绝。

科杜拉第一次表现出反抗，而且还说出了她的不满和愤怒，她以此跨出了走向独立的重要一步。她在治疗后不仅感到心灵上的轻松，而且身体上也很放松，这是她体验独立并与过去决裂的重要一步。

一个母亲如何与她的身体相处，会成为女儿的模板。许多自恋女性的母亲过去有饮食障碍，甚至到今天仍然有这个问题。即使没有饮食障碍，她们也总是担心自己的体形和外貌。她们通常不接受自己真实的身体。她们以限定饮食、服泻药或呕出食物来改变自己的身体。

这也迫使女儿很小就面对“体重的困惑”，面对一个女性在生活中扮演的角色的意义。“谁想要漂亮，就必须吃苦”这句流传至今的话表明漂亮尽管需要高昂的代价，但仍值得去追求。漂亮、外表的魅力、希望得到很高的评价和对外貌的重视，都与母亲和女儿的自恋人格有关，她们把这看作是为了增强自尊。

另一方面，食物也是关怀的表达。一个“好妈妈”关心是否给孩子提供了足够的营养，同时她的食物被人喜欢、得到赞扬也使她的自恋得到了奖励。但有时母亲会做太多好吃的，病人的报告证实母亲经常提供给她们无法拒绝的食物。她们得到了寄来的“食品包裹”，如果去看望母亲，她们就会被“溺爱得不得了”，“用胃来感受爱”，尤其是在找不到其他表达方式的时候。

“我认为这一切令人作呕。”我的当事人在回忆起她的童年时这么说。她母亲常常把她的嘴巴塞得满满的，她实在无法忍受这种过量喂食，于是开始呕吐。这表明呕吐对暴饮暴食的女性具有攻击性和划界作用。其他女性对过分的关心以拒绝或强烈地划清界限来回应。

但也有反向变化。如果母亲不照顾孩子，孩子就会经历一种忽视和贬低的体验：“我不值得她关心吗？”

人们可以设身处地地为母亲想一下，这些行为由她自己的愿望和想法以及社会习俗决定的。做母亲与自己的职业有何关系？有了孩子，她能允许自己去追求自己的爱好吗？另一方面，和孩子待在家里，只做“家庭主妇”，难道不是一种奢侈吗？她的丈夫和女性朋友们会怎么说？似乎很难找到正确的解决方式，因为母亲角色的自主权已经变得更加个人化。

如果说过去许多母亲因怀孕而决定放弃工作，并推迟原来的生活计划，转而投入家庭和子女抚养，今天则不一定如此。相反，女性越来越倾向为了工作和事业放弃孩子，或试图在工作和孩子之间取得平衡。对许多母亲来说，她们还有一些对于决定的矛盾和对错过一些东西的怀疑：要么是与孩子在一起的时间，要么是个人和职业的实现。但即使在今天，仍有其他类型的母亲，她常常在母亲角色中寻找对自己愿望没有得到满足的补偿，在家庭中行使权利。

她通过全面的照料和帮助所有人做决定来控制家庭成员。由于母亲们已经完全投身于她们的角色，对她们来说，女儿要求独立会使她们害怕，担心失去自己的影响和权力。女儿的独立使她们感到自己没有价值，而这一切是成为母亲所付出的代价。对女儿的干涉和过分照料使母亲觉得自己仍有工作，她从中还能得到满足。她们为了“保护”女儿而给女儿设置了许多规章制度，或者替她做决定，这些事有时是在无意识中进行的。通常，这些母亲是女儿的强大榜样，不堪重负的女儿认为自己必须变得同样伟大和成功。饮食失调或自我疏远就是压力过大的标志。女儿不但不承认自己无法实现母亲的理想，而是提到自己的长处和欲望；她们也会否认自己，将母亲的榜样作为她自己的目标。

社会对女性角色的塑造随着文化、社会的改变而不同。20世纪60年代以后的社会发展和女性解放运动，打开了女性独立和个体生活塑造的空间。但这就要对母亲现在的使命加以补充，在一定程度上“扩大传统的妇女形象”。社会教育学教授佩特拉·福克斯和社会学家布里勒·特吕克在1987年指出，现在要求的不再是传统的家庭妇女角色，而是专业的全能职业者，她能出色地掌握一切。正如马格里特·斯塔姆教授的研究提到的，她们的说法在今天仍然有效，因为女性在这方面的情况几乎没有改变。她发现，很大一部分女性认为自己是家庭中的核心人物。这可能导致过度的要求，这就是为什么女性除母亲角色，还必须特别注意不要忽视自己的需要，而不仅仅以母亲来定义自己。作为女儿的榜样，社会一方面告诉她，她应该成为一个好母亲和家庭主妇，另一方面她也是一个独立女性，也要在职场上取得成功。有一句格言说：“如果没有一个男人，那怎么成为一个理想女人？”

根据我的观察，这种情形是以牺牲女性气质为代价的。自我价值很弱的女性否认所有的软弱和女性化，她们从根本上力求使自己有非女性化的、瘦长的身材，缺少奉献精神和爱心。相反，她们更看重男性在成就上的表现，好像女性就意味着软弱，在任何方面都不如人。而对于女性的强项是什么，她们一无所知。只有当她们也能接受自己诸如身体曲线的弱点，并与内心深处接触时，她们才会开窍。由此她们对自己的职业成就也会低估，如同低估她们的潜能一样。直到她们的个性因女性气质这个重要部分而得到丰富，她们才有可能建立令人满意的情感关系。如果她在两人的交往中，不再总是想成为更优秀的那一个，她才能是女性，她将成为男人的平等伙伴。

在大多数情况下，母亲行为的主观指导方针是无意识的，所以很少得到反省或改变；即使有什么改变，通常是与自己小时候经历的相反。“我无论如何不能像我母亲那样”或“我根本不愿像母亲那样”，类似这样的表述，表达了不想重复母亲的缺陷，以及给自己的孩子创造更好条件的意愿。但这种努力一般都会失败，她们的目标很难达到。相反，这样形成的态度恰恰巩固了原有的模式。

这可以通过以下事实来解释：母亲和孩子之间的关系，总是无意识地在重复着小时候与她母亲的关系，母亲在她的孩子身上遇到了她的“自我中从来没有经历过和被分离出来的部分，它的出现使她害怕”。米勒这样描述道，“那些从小就没有完全接受自己以及自己的感觉和情感的父母，仍是自恋的。”他们一生都在寻找父母没有能给予他们的东西，即完全理解他们、接受他们。情感上的不安全感，使他们在他们的孩子中寻找这样一个人来平衡自己的自恋。

家庭模式：只有你过得好，我才能过得好

自恋者的家庭往往基于对个人有负面影响的所谓功能失调（功能不当或功能不良）的规则。规则既影响家庭成员之间的行为，也影响外界的行为。由于规则是不成文的，大多数人都没有意识到，所以不容置疑。

有的家庭中，大家只为自己活着，相互之间没有密切的关系，也不让别人“了解”自己。对这类家庭，人们只能看看它的外表而不能真正地认识它。这种家庭更看重给外人留下一个好的印象，至于真正的家庭成员关系则无关紧要。从外表上看，人们常常觉得这种家庭很强大，但其内部关系很差。

通常这种家庭是共生融合的。很显然，这种与共生融合的规则倾向是：“只有你过得好，我才过得好。”从这个意义上来说，为了不对别人的痛苦负责，就不得不让每一个人都好。每一个人不优先考虑自己的感受，而是别人的，由此导致了缺乏对自己身体和情感状态的自我知觉。正如在大多数自恋者身上能看到的那样，母亲对他人有超乎寻常的敏感，她要很好地知道女儿需要什么，这又反过来使女儿学

会尽早感觉到什么是母亲的愿望。如果女儿还能了解应该对自己的母亲进行“母亲式”的照料，那就能培养起什么都要做得尽善尽美和有责任使他人幸福的态度。这种女性以后也会期望她的伴侣对她的要求给予相同的理解。

属于融合共生的还有这样一种观点：“如果对所有人都一视同仁，那就没有人会受到伤害。”母亲强调她对待所有孩子没有区别，所有的人都声称他们没有嫉妒。坚持平等原则的人是因为受母亲的影响，她们小时候在自己家里没有得到这方面的满足，所以她不想在自己孩子身上重复她所经历的不足，试图一视同仁。然而，总会有一些特别的规定使某些人吃亏而使某些人得利。这种情况更有伤害性，因为尽管有良好的意愿，但不可能对所有的人一视同仁。

我第一次听到母亲说她对我们所有孩子一视同仁地爱着时，我很满足。但这种话听得越多，我越觉得她只是寄希望于一视同仁而已。

不尊重私人生活是融合共生的另一个特征。它表现在冒犯女儿的态度上。这对女儿的隐私和私人生活造成了伤害。施耐德-海恩称此为“侵犯性的家庭气氛”，在这种家庭中，几乎没有秘密可言。人们相互间什么都知道，日记被公之于众也不会被认为是伤害当事人。母亲和女儿没有被两代人的界限隔开，相反，她们是“最好的朋友”，不仅内在心灵上，而且身体方面都不保密。

对分离的恐惧是这种相互干涉的严重程度的表现。这种情况大多数是缺乏与家庭以外的人的情感联系和支持性的交往而导致的。父母只生活在家庭小圈子里，只为家庭而活着，与其他人几乎没有深入交往。于是，只有家庭成员相互关注。这对女儿的成长是极其不利的。尽管家庭成员的交往能使彼此之间相互交融，但另一方面也会由此而产生一种痛苦的疏远，因为他们表现给其他人看的幸福和成功只是一种人格面具。谈论问题是被禁止的，事实上存在的冲突被否认，也不被处理。

我的家庭是真正的共生：母亲心目中几乎没有父亲，他“死了”。父亲心目中也同样没有母亲。他俩心目中也没有孩子。我自己一直认为，即使我不生活在这个家庭中也不会幸福。我总是帮助母亲和妹妹，想“挽救”她们，她们不喜欢的东西我也讨厌。每一次母亲神经崩溃，心灵的伤痛都几乎吞噬了我。我没有学会不依赖他人的生活。但现在我想学习，我知道我必须告别这种“救星”的角色。我必须摆脱我那绝望的母亲和失去生活乐趣的妹妹，让自己振作起来。这种想法虽然使我觉得自己像一个杀人犯，但显然我已没有别的选择。

读了这段话，人们能感受到当事人家中的旋涡和她想摆脱这种旋涡的痛苦。她甚至把这种摆脱与“成为杀人犯”画等号，这是许多自我价值很弱的女性的通病。她们担心，如果她独立就会死；或者她们害怕，如果她与别人分离，那人就会死。如果生活只能是融合共生的，那么摆脱他人就会使人体验到死亡。尽管这些女性理智上很清楚她不可能杀死别人，但一旦与别人疏远，她就会产生自己真的在杀人的感觉。如果她能从这种感觉中摆脱出来，就不会对自主和走自己的路感到害怕。

理想的转让

人们把对儿童某种角色的期待看作是转让。在有女性自恋者的家庭中，主要涉及女儿该具有怎样的成就。父母对她的期待常常是他们自己的理想，由于自己没能实现所以转移到女儿身上，期望由她来完成父母未遂的心愿。她被要求在成就、行为举止和外表上都趋于完美；比起充分享受生活，更重要的是苗条、有魅力和完美无缺；有目标地做事比漫无目的地为了玩而做事更可取；理解和理性先于感受。快乐（如果有的话）大多数是通过特殊的成就来实现的。

父母对孩子的这种自恋剥削或“自恋的延伸”，意味着对孩子情感的丧失和对男性行为的强调。更具女性特质的体贴入微的照料没有了，代之以更具男性特质的压力、要求和期望。在这里不谈论男性和女性的行为特征，而是指模式，“女性”和“男性”是人类存在的基本类型，所以，两种性别特质都是合理的存在。我们不应该做出一种性别特质比另一种好的评价，重要的只是性别特质的协调和共同发展的可能性。通常，女性代表着照料、养育、促进孩子成长，还有感性、凭直觉行事和共情等表现。男性则更多地与理智、智慧、知识、判断力、明事理和事业等特征相关。

从儿童这一方来说，他有很高的意愿去完成父母下意识的期待，并承担他们所期待的角色。同时，自恋的儿童常常具有一些显著与众不同的性格和才能，由此他们在家里扮演着天才的角色，满足父母的虚荣心。同时，他们具有的特殊才能也会受到别人的羡慕和赞赏：一方面父母要与孩子争夺别人的羡慕和赞赏，也可能是嫉妒，另一方面父母支持孩子进一步发展他的能力，这样通过孩子的成功，父母也一起获得了自豪感。这儿有问题的不是父母对孩子感到自豪，而是他们想以孩子的成就来弥补自己的自豪感缺失。在这种情况下就产生了自恋剥削，因为父母通过孩子提高自己并增加自恋。

追求成就和完美的苛刻要求，在当今许多成年女性身上都存在，尤其表现在职业自信和成功导向中。

我经常想，我只有做出一些成绩时才有价值，但我对这样的成绩一点兴趣也没有，因为老实说这不是出于自愿，而是出于生存的压力。我一直在努力做到最好，看上去特别有魅力，什么东西都能快速掌握。幽默和反应敏捷，聪明和成功，得到他人承认，迷人和拥有交际能力，所有这些在我家里都是非常受器重的优点。谁能做到这些，谁就是一个人物。而我除了能做到这些，还有优良的学习成绩。所以，我在家里绝对是一个“天才”角色，至于为什么要这样做我就不知道了。但我相信我必须为了父母，尤其是为了母亲实现接受“更高水平教育”的目标，这是她一直梦寐以求但却没有实现的心愿。我常常认为我必须做出一些特殊的成绩，但我没有把握为了自己或为了另一个人实现这一期待。

在对女孩的教育中强调成绩，这在很大程度上与父母的关系和角色分配有关。有关文献中比较一致的看法是，父亲的缺失是女孩形成自恋人格的主要因素，大多数患者的病史里也确实提到了事实上或情感上的父亲缺失。这意味着父亲要么已与孩子分居或死亡，人已不存在，要么尽管人还在，但与孩子的关系极其疏远。父亲的缺失从两个方面加重了孩子的自恋人格障碍：一方面，母亲感到失去了丈夫，得不到他的支持，由于他的“不存在”，对孩子的责任和对家庭的情感照料都要她来操心，对自己孤独的悲伤和恼怒更增强了对孩子的自恋占有；另一方面，母亲除了母亲的角色，还必须承担起父亲的角色，代表“男性—父权”的价值观，这使得母亲的要求更高，也不再有同理心。父亲在场的时间越少，这种情况就越严重，母亲占据了父亲的地位。然而，根据科胡特的说法，同理心的缺失是形成自恋人格障碍的一个关键。

与女性自恋者的成功导向密切相关的是她们与男性竞争的态度。与男性的关系中，即使是私人关系，绝大部分也建立在竞争之上。女性想向男性证明她可以做得与他一样好，甚至比他更好，由此常常产生竞争的情形。自恋女性根本不能忍受她的丈夫与她同样有能力或比她更强，因为这样一来她就自然而然处于劣势，会感到很自卑。为了要向他证明她很棒，她认为必须胜过他。她无法接受他是一个有同等价值的伴侣。这种想法是下意识的，在人际关系中具有潜在的破坏性影响。合作伙伴之间的公开竞争可能是有益的，但在从众假象下无声的竞争则会破坏人际关系。

与父母的关系

受自恋影响的女性，与母亲的关系往往比与父亲更密切，这也是因为父亲经常缺席。但在同一时间，这种关系也是矛盾的。女儿一方面由于性别关系与母亲结合得比较紧密，另一方面又拒绝母亲，因为母亲很强大，总想把她控制在自己的掌心里。女儿不得不对自己的母亲承担起一部分母亲的机能，满足她的需要，弥补她的内心空虚；但同时女儿仍需要母亲的支持和保护，对女儿来说，母亲常常是唯一的依靠。母亲和女儿融合共生在一起，没有人想要分离。每一个人都需要对方，而同时又提防着对方。相互的期待把她们紧紧地联系在一起。事实上她们都相信，对方没有了自己是无法活下去的。母亲认为女儿需要她的帮助和支持，否则就不能做出一些重要的决断。女儿则认为母亲想要幸福和快乐，她是必不可少的存在。

每一个人对别人的恐惧实际上是对自己的恐惧：害怕独立自主，一个人面对生活。每一个人都必须相信，所有人都能掌握自己的生活，能独立存在。但这还不够，她还必须给予自己这种信任。有时推卸责任可能比较容易，但代价一般也很昂贵：不自主、依赖、有不良嗜好、恐惧、抑郁和心身疾病。

一位女性这样描写她和她母亲的关系：

她对我毫不“放松”。她老对我吹毛求疵，以为她对我有责任。她总对我说这是为我好，她不接受我的“另类”，想改变我，从不把我当成年人对待。有时我恨她如此爱我，也恨她关心我。我想我心中早就有气了。有时我非常讨厌她，非常气愤。我对她大喊大叫，希望她不要来烦我。她自己的生活一塌糊涂，还要为我妹妹以及她的孩子担心，为我担心，有时几乎为此生病。当她为这些事伤心不已的时候，我又很想开导她，因为她太消极了，什么东西都紧抓不放。

我爱我的母亲，我也需要她，有时要利用她：她为我洗衣服，她为全家清理垃圾。如果她分清彼此（只倒自己的垃圾），我甚至会很生气。但在大多数时候，她就像家里的一个女佣，一个“殉道者”，一个“牺牲品”。这是我所憎恨的。

女儿与父亲的关系完全相反，但也充满矛盾。一方面，他是与母亲不同的人，他表现出积极、探索、好动等特点，尤其在孩子寻求分离和走向独立时，父亲具有非常重要的作用。研究证明，失去父亲的儿童很难摆脱母亲，对母亲的依赖时间很长。但如果另有一个孩子信任的人，孩子就可以较好地对待来自母亲方面的挫折和愤怒。这是一种很好的“交往替代”。尽管孩子会产生一些消极的经历（对“坏”母亲感到烦恼），但父亲能向孩子表明“这个世界还是不错的”。这也为区别“坏”人和“好”人提供了一个重要的条件。如果父亲缺席，孩子就无法学到这种三人间的良好关系，以后会把其他所有第三人都当作入侵者和背叛者。

另一方面，女儿把父亲的缺席视为被他拒绝，因为父亲很少“仅仅”出于职业的原因而离开家庭，他通常也在情感上与家里疏远。如果父亲离开女儿，即使女儿在早期发展中没有出现情感上的疏远，但到青春期，大多数人还是会产生这一问题。也就是说，这对她是一个打击：她原来是他理想化的小公主，而现在他却不搭理她。尽管随着性成熟，女儿对父亲会产生恐惧，但她仍想当然地认为父亲还是很关注她的，如果父亲不能处理这种关系，他会选择转身离开。

如果女儿察觉到父亲的退缩，她就会竭力去讨他欢心，尤其试图通过成绩和外表吸引力来取悦他。博斯金-怀特认为，与父亲的这种关系模式是女性一生寻求得到男性认同的基础。女性缺乏自我意识和满足感，绝大部分也是由被父亲拒绝引起的。这种经历可能成为以后与男性交往的模式。女性在这种交往中得不到她想要的东西（即不满足），常常要与其他女人竞争，以魅力或过人之处来赢得男性的关注。在她的伴侣关系中，她寻找失去的、理想的父亲和他无限的爱，就如同在家里她徒劳地争取父亲的宠爱一样，最终还是会受伤。

自恋者的卖弄风情、要手腕和诱惑人的行为，也意味着她们同样被当作儿童来对待。她们现在与人交往的方式，也就是过去人们与她们交往的翻版。现在有诱骗行为的人过去也许曾被人诱骗过，这些被诱骗过的女人，在与男人的交往中常会持续这种诱骗行为，并由此产生性的接触。父亲如果在与女儿的交往中不维护辈分界线，女儿就会被提升到妻子的地位。最坏的情况可能会导致乱伦。那么，女性在成年生活中用性来对待关系或被男人性剥削的风险就很高。

仇视情欲和要求品行良好

女儿还要体验被父母所限制、禁止和道德说教的超我部分。

这些被禁止的方面是女性自恋者发育期和儿童期的重要部分。也就是说，女儿在她的生活中有一些事情被父母强制“不许做或不许想”，尤其是与道德有关的。她必须压抑任何本能的冲动，无论是性冲动还是攻击性行为，情欲还是食欲，都是不容许的。对品行方面的要求，可以使父母对自己的内疚进行抵御和安抚。如果女儿引发了他们的负罪感或恐惧感（比如孩子不诚实，母亲就会责怪自己；如果孩子有本能的性行为，母亲就害怕引发自己的情欲和性欲），他们就以对女儿品行上的要求来平息自己的这些感受。每一种“坏习惯”，如攻击性、冲动、粗野等，都会使他们回忆起自己当年被禁止并引发负罪感的“坏习惯”。

我从许多家庭史中得知，有两个方面对父母自恋的投射起到作用：一方面是强调成就和尽善尽美，另一方面是敌视情欲和缺乏情感教育。由此也引发了女性自恋者对性欲和情欲的矛盾态度。在许多情况下，这是父母禁止或对儿童自然性冲动表示愤慨的结果。成年人会把所有的感情冲动看作是坏的（肮脏的、令人羞愧的），并企图做一个好的（纯洁的）人。在他们的意识中，心理（精神）是好的，而身体是坏的。“我绝食。”一个女大学生说，“这样我就能摆脱……要么我绝食而纯洁……但不完全而且充满了害怕……要么肥胖、迟钝，感到肮脏和充满羞愧。”

但如果把性欲、情欲和诱惑看作是肮脏和坏的，应被禁止，那么自己的情欲也应该是坏事和肮脏的事。毫不奇怪，如果坚持禁止情欲并对情欲感到羞愧，那只有极少数的女性能体验到性欲的满足。科杜拉这样描述她的家庭：

在我们家里，情欲一般是被禁止的，而性则完全是一个禁区。作为一个正派的人，我只能偷偷摸摸地获取这方面的信息。对正派人的要求五花八门，从有教养的行为举止到不能与男人有任何形式的交往（除了结婚后）。情欲对我来说，完全是一件让人不知所措和束手无策的事情。我对此想得越多，越试图去了解它，它就离我越远。我问自己是否在某个时候能对一个男人真正产生情欲，或者因为我是一个“正常的女人”而只能装作没有情欲。我问自己，我到底有没有做爱和结婚的能力。

这时她要去吃东西而中止了叙述。接着，她又继续说道：

有一点很特别，谈论和写出情欲这一话题对我来说非常困难。我可以长时间地坐在那儿毫不停顿地写别人的事情，但现在我“不得不”站起来去吃点东西。我的母亲从来不给我解释情欲，从来不与我谈论性，表面上我早就学会了禁止情欲，把它视作坏事。

这个例子明显地表现出情欲、对它的禁止和吃东西三者之间的关系。只要涉及情欲，她就“必须”去吃东西。对她来说，情欲始终是非常矛盾的话题，她想谈但又会觉得困难，这时吃东西就是缓解这种矛盾的手段。

“圣女与妓女的冲突”和童话《圣母的孩子》

许多女患者的性障碍被描绘成“圣女与妓女冲突”。她们内心有一种道德枷锁和性快感之间不可调和的矛盾，由于上一节所述的对女性性欲的禁止，这种女性一生都被限制，所以出现性兴趣或容忍它的存在，都会引发她强烈的负罪感。这与她的道德要求不一致，所以她把自己贬作过去常常在父母亲那儿听到的妓女。

这方面的极端者无法解决这种矛盾。这些女性在矛盾中犹豫不决：或者成为圣女，没有性欲、性爱和情欲；或者成为妓女。这里“妓女”的概念有独特的解释，它只是表示如果一个人具有性欲并享受它，仅这点就可以被看作是一个妓女。有趣的是，她可能听到来自她自恋伴侣的指责：一方面渴望性欲并且利用她，但随后又将她侮辱为妓女。她对这种诽谤并不感到愤慨，因为她对此也深信不疑。

这些想法极端、道德观片面的人就是所谓圣母的孩子，有一个同名童话描述了这种人的命运。她们的童年与童话故事有着很大的相似之处。在附录中，你可以看到详细的文本[1]。

童话《圣母的孩子》象征着一个具有自我价值和交往问题的女性的发展过程。宗教不是这个故事本质的因素，因为其他人也可以用世俗的符号讲述类似的故事，从而以同样的方式表达其意义。这个童话最主要的是论述了女性的个性形成过程，以及与过高的道德观念的斗争。

圣母的孩子童年受到了父母非常“贫穷”的影响，不仅物质上贫穷，感情上也非常贫乏。在这种环境中成长，从一开始孩子就获得了这样一种观念：她对父母来说是一个多余的人，如果没有她，他们可以轻松些。不受欢迎的信息和对自己需要的压抑，对她的自尊产生了持久的影响。圣母的孩子给人留下的是听话顺从的印象，因为即使被父母送给别人，我们也听不到孩子的抗议和反对。这毫不奇怪，因为孩子已经觉察到自己是家里的负担，所以要尽快学会顺从，不要惹父母生气，她试图通过特别顺从、迎合和友好来获得父母亲的关注。这是一种假象，其实她很害怕、很委屈，因为她察觉到了拒绝，并缺少情感上的关怀。

到3岁时，圣母的孩子出现了一种转变，因为她被父亲送给了圣母。即使在此时此刻，我们也不会听到她的抗议或反对，她顺从了命

[1]　在以下对童话故事的解释中，我主要用尤金·德鲁尔曼的思想做说明。

运的安排。以后我们在童话中再也没有听到过她的父亲，也就是说他对她的生活已不再起什么作用了。这时至高无上的权力和影响力在母亲那儿，这里的母亲被抬高和神化为圣母玛利亚。

圣母的孩子对母亲的过分理想化以及与她的紧密结合，一部分是出于害怕：如果被圣母逐出家门，那她又回到了从前，什么东西也没有了。3岁一般是儿童自主性和个性发展的时期，这时儿童体验到了自我。但圣母的孩子会对自己的个性做出焦虑的反应，服从母亲，而不是建立自我。由于对理想化母亲的强烈依赖和从属，她仍然依附于母亲，因为只要是“母亲的孩子”并服从“母亲的思想”，她就可能过“人间天堂”般的生活。

这里又出现了自恋剥削的现象：“如果你按我的要求去做，我就爱你，给你想要的一切。”甜点、甜牛奶和金子做的衣服表明了圣母对孩子的宠爱态度。那些给孩子太少的爱，也没有真正接纳孩子的母亲会产生一种负罪感，而宠爱的态度常常能使她的负罪感得到平息。这样就使母亲和女儿融合共生在一起，尤其在没有父亲来改变这种状态时。圣母的孩子如果与母亲接近，依赖母亲（母亲的“自恋的延伸”），也能从母亲的光环中有所得。这是对自己一文不值、没有资格生存在这个世界上的感觉的一种补偿。

圣母玛利亚的形象表达了一种母亲性仇视的态度。她像处女一样生活在一个没有男人的环境中，压抑着对亲密关系和夫妻间应有的性生活的愿望。她试图以女儿来替代夫妻间缺少的那种爱，这样也就丧失了一部分女性的天性，而这恰恰是她想达到的目的，特别是当她无法扮演一个女性角色时。逃入与女儿的关系，可以使她减轻由此造成的负担。同时，她又阻止女儿发现自己的女性特征和性欲，因为她禁止自己做的事，当然也不能让女儿去做。

当女儿14岁青春期到来时，她对女儿的事不闻不问，女儿需要母亲的支持和建议时孤立无援。但这也意味着女儿有更多的自由和自主权，她可以更好地关注自己。青春期也是一个回归自我的时期，以便完成成为女性的过程中的一个新的关键发展步骤。

当圣母不在时，女儿似乎自由了。其实不然，母亲的禁令犹在，即“不要打开第13道门”。也就是说，女儿可以从某个时间起了解有关性的话题，但是必须在母亲允许的范围内。在自己的生活中有性行为是不允许的，无论是实际的交往还是自慰行为。对圣母思想要竭力仿效，对爱的渴望必须被压制。我过去有一个女患者说，在她母亲的观念中她必须成为圣徒，传教士体位和性伙伴的神秘化似乎是唯一可以体验的形式，任何目前光的直接接触都是被禁止的。故事中的“小天使”作为儿童形象和价值观的象征也加固了这种思想，因为它警告女孩“不要打开第13道门”。

尽管如此，圣母的孩子还是打开了那道门，因为她不得不这么做。她有这扇“门”的“钥匙”，除了利用它外别无选择。她无法洗净的“金手指”是她无法消除的标记。一方面这使每个人都知道了她的不贞，从这个意义上说这是一个污点，另一方面她的金手指也使人推测体验的美妙和宝贵。她在被吸引和感到抗拒之间的内心矛盾，明显地表现在身体上。

当圣母的孩子打开了那道被禁止打开的门后，内疚和负罪随之而来。从故事的进展中我们得知，打开门本身并不像她以谎言来竭力挽回做错的事那样糟糕。圣母对良知越是强调，女孩就越是坚持谎言，为了不被自己和世界所抛弃。这种情形常常使我回忆起一些母亲，她们用各种方式试图攫取女儿的秘密，无论她们是多么天真和无害。对此女儿唯一能自我保护的方式只能是说谎，但母亲更加敏感和多疑，所以她们始终给孩子很大的压力。这是一种恶性循环。自相矛盾的是，圣母的孩子由于谎言而出现了她最担心并千方百计要阻止的事——被驱逐出天堂。

在童话中，这也暗示对外表和身体的轻视（衣服被撕破，从身上掉了下来），这在现实中也会发生。身体作为性感觉的“载体”因为正当的行为而受到贬低、虐待和惩罚。违反道德戒律使得圣母的孩子陷入深深的绝望之中，她陷入孤独、被动、压抑的情绪，并变得沉默寡言。她就像一个该入地狱的人，远离他人，无法与命运抗争，无法向他人倾诉以摆脱负罪感。

圣母的孩子的许多行为和特征也同样表现在那些儿时遭受性侵的

女性身上：贬低和惩罚身体，退缩孤立，构筑与外界隔绝的鸿沟，有很高的道德标准（把乱伦和强奸的受害者也看作是有罪的），对被性侵一事从不提及。这些女性在以后的婚姻中会产生交往障碍，她们不会享受性生活，而只是把此看作一种讨厌的责任而已。

圣母的孩子患有“圣母情结”，即以严厉的态度阻止所有自己的想法和情感的表达，不准了解自己，也不准了解别人。“棘刺篱笆”（虚假的自我）是出自对自身的贬低、害怕、欺骗和怀疑，它就像一所监狱，女性期望有外力能把她们从中解放出来。然而，尽管国王做出了不懈的努力来为她排忧解难，并出于对她的爱与她结婚，但这一切并没有给她带来幸福的结局。首先，这个男人对她缺少理解，对她更多的是粗暴的控制（有另一种性侵之嫌）；其次，圣母的孩子仍被隔绝在自己的生活之外。尽管她得到了幼年时期的那种精心照料，但始终不能说话。她没有感到自己被这个男人真正了解，他也从来不用心去真正认识她（比如从不问她为什么总是一声不吭）。她扮演着一个顺从的、从外表上看已经心满意足的老式妻子的角色，但他们之间从没有真正的接近。其他人更容易看出这个女人陷入困境之中，而这个男人用了很长时间才做出反应。在这种情况下，她在她的孩子身上寻找替代品，她期待从孩子那儿得到从丈夫那儿没有得到过的理解和爱。

但这样一来，她自己童年的经历就被重新激活。她像自己当年被对待的那样去对待自己的孩子：她用圣母的强制性手段去征服孩子，让他们失去个性。她受到压制的性欲持续地影响着自己与孩子的交往。她以童年里获得的特殊照料和细心，来弥补她孩子情感发展的不足。她没有觉得自己开始控制孩子，夺走他们的生活。他们受到她自恋的剥削，只能做母亲允许他们做的事。当负罪感（对她的审判）变得如此强烈，以至于给她带来的痛苦比真的犯了罪还要大时，这个童话才会结束。这一“低潮”以谎言被揭露而发生转折。这种现象被我称为“自恋的拆除”：不再屈从虚假自我的非人性，而是成为有缺陷的人。为此，必须克服内心的自负，踏上炼狱之路。眼泪是这条路痛苦的见证，圣母归还她的孩子是一种奖赏。王后的孩子象征着她内心的孩子，她真实的感觉和需要，她的活泼和自发行为。在此之前，她一直处于严厉的道德压力之下，现在她又能重新生活，成为一个真正的人。最重要的是，她治愈了自恋人格。这有利于拆除那些曾经扼杀她活力的、过分追求完美和道德的观念，让她能自由地去感觉和需要。

过去有一个女患者报告了她与男人、母亲和性的关系，她的报告使人回想起圣母的孩子的故事。她特别反对母亲的做法：嘴上讲“圣洁”，喝醉酒后却在性生活方面纵欲无度。

我与男人们的交往是一个尴尬的话题。我对此根本没有发言权，因为我没有那种真正的交往，最长的交往也只维持了3个月，然后我就去了国外，庆幸这一交往结束了。这类交往只局限于性行为，我们之间没有一点共同的话题，没有情感，一点也没有。我让他给骗了，这就是一切。

事实上我与男人和性的关系都是一团糟。我憎恨男人，对男人和性生活的恐惧不知怎么地连接在了一起。我把性视作羞耻，“人们不应这么做”，这是我母亲的口头禅。她也成了我生活的控制源。她是一个酒精成瘾者，周期性发作酒瘾。当我2岁时她就成了酒鬼。此外，她还是一个暴食者，习惯于靠催吐来节食，药物依赖者。我认为她还有点精神分裂症。我对性和男人的障碍很大程度上是她造成的。她喝醉时身边总是有其他男人，大多数时候所有的人都喝醉了，我听到他们一起睡觉。有时看着这种情形真令人作呕。

当我胸部突起，呈女性体形时，我母亲骂我是妓女，也不许我看别的男孩。过去我与男孩在游乐场上见面只是一起玩玩而已，但她看见我在那儿就会骂我：“你在那儿和男孩鬼混什么！”这是她反复向我灌输的东西，我对此也就深信不疑了。另一方面如果不喝酒的时候，她又会说：这是一个可爱的男孩，为什么我不去和他交朋友？一个孩子如何能区分什么是正确的呢？我究竟是不是妓女？结果是我在14岁时交了一个男友，但只维持了一星期，然后又找了许多借口与他分手，但真正的理由是我母亲。我爱上了一个我认为很可爱的男孩，但在母亲的压力下又放弃了。我班上有3个13岁的男孩与我发生了关系。他们没有对我使用暴力，但我非常害怕。我本可以叫喊，但怕被母亲知道，所以没有喊叫。我对此事保持沉默，之后我也从没向人讲述过。现在我觉得我应该告诉别人，但却不能告诉母亲，否则她又会骂我是妓女了。自那以后每逢有男孩在身旁，我就千方百计地克制自己，因为我很可能会向他卖弄风情和挑逗他。

兄弟姐妹的作用

家庭疗法的观点认为，“需要治疗”的不是个别人，整个家庭都是需要接受咨询和改变的对象，兄弟姐妹的作用和意义无可争辩。我非常惊讶的是，有关兄弟姐妹对人格发展影响的文献和研究少之又少，但在我患者的报告中却常常出现这一话题。她们谈到兄弟姐妹给她们的生活带来的困难，但更多的时候他们是充当“同盟者”的角色。她们从他们那儿得到关注、支持和保护。

兄弟姐妹出生的顺序、数量、性别和年龄差距同样重要。长子或长女在很大程度上代替父母亲照料着弟妹。正如心理学家沃尔特·托曼描述的，他们承担起对弟妹的职责，保护他们，引导他们，尽管长子和长女也只是一个孩子。在许多情况下，兄弟姐妹弥补了父母抚养方面的缺失和不足，他们具有平衡功能。

在经常发生争吵、不和睦甚至动用武力的家庭中，兄弟姐妹间的支持关系显得尤为重要。克尔斯汀论述了一个哥哥是何等重要，与他分离又有怎样的后果：

如果我的哥哥遭遇什么不测，那对我来说将是毁灭性的，会痛苦无比，因为我哥哥已经是我生活的一部分。他总是为我而存在，我总是需要他的护卫。当他3岁时就能保护我，那时我刚出生，真是不可想象。每当母亲要打我时，他总会挡在我们之间。他给我提供真正的保护，对我非常重要，因为他总是为我而存在，成为我的第二个自我。所以，那时我对他无比地信任。在我13岁那年，哥哥要去住在别处的父亲那儿半年。我事先不知道。那天早晨在楼梯口碰到他，他对我说再见，拥抱了一下我就走了。晚上他打电话来，说他现在住在父亲那儿。他事先不告诉我他要走，也不带我走，真是太不公平了。这对我造成了极大的伤害。最糟糕的是，他让我一个人留在母亲那儿，我最怕她。我恰恰非常需要哥哥和父亲的保护。尽管他们知道这是多么残忍，却什么也，让我一个人和母亲在一起。

克尔斯汀与她母亲的关系由于母亲酗酒无度而不是很融洽。母亲在酒瘾上来时就把她踢到一边，而在“清醒”的时候（母亲不喝酒的时候）又对她关怀备至。父亲也在克尔斯汀10岁那年离开家，不再是一个可靠的伴侣。在这种情绪混乱中，她通过哥哥而获得了一种同一性，时至今日她仍称他为第二个自我。但她与哥哥是一种融合共生，克尔斯汀说，如果哥哥遭遇不测，她会产生毁灭性的恐惧。也就是说，她借用了一部分哥哥的身份。只有从情感上摆脱哥哥，克尔斯汀才能构筑自主的个性。

在另一个女患者那儿，我们看到了与兄弟姐妹的负面关联。30岁刚出头的布里吉特主要由于交往的困难而来我们诊所，在治疗的初期，要使她加入治疗团体非常艰难。

刚去诊所时我非常反感：一个大型团体，下面分成许多小组，要与许多人在一起，甚至我住的房间墙上还有一个洞通向邻室（一道腰门）。“一大群人使我发狂！我要下楼！我要逃出这儿！”我记忆中也有一个人群的图像：每当我回忆过去，我总看到一群拉雪橇的狗（我的兄弟姐妹和我），白天它们被紧紧地套在一个挽具里，拉着一个追猎用的雪橇穿过冰雪之地；一个男人站在雪橇上挥动着鞭子（我父亲）；晚上它们被解开，给几块碎肉让它们吃和扭打；它们从不一起做事，每个人只为自己而活。

我对大型团体有强烈的防御反应，是因为我虽然学会了在一群人中正常生活（尤其是顺从），但不能与他们深入交往。所以，在诊所我的第一个念头是：“就算我死，也不会与你们交往。”

为了让布里吉特与团体中的人交往，我们从一群人中挑出最不同的人组成一个小组。她开始与别人建立联系，由此对团体的抗拒越来越少。在两个星期后的一份周记中，她写道：

我觉得自己像一块海绵吸取大量水分：接近、关注、交流、分享、参与和体验存在。我越来越觉得分享生活是多么美好。在与人的交往中，我逐渐发现我愿意和谁多交往，和谁少交往。

最初对团体的害怕是因为童年情景的影响，所以恐惧仍在她身上起作用。在此之前，她总是以不与人交往来回避类似童年的情景。她尽管孤单，但不想再回忆过去。但是在诊所里她既不能逃避自己，也不能逃避自己的过去，这使得她必须去感知和面对童年那可怕、孤独的痛苦。她通过与他人的交往而体验到接近和受关注，这支撑着她去认识自己的感受，也让她越来越有信心参与到这种交往之中。她从中体会到与人的交往与她童年时在家学到的可能完全不同，她感受到人与人之间是可以接近的，是可以相互支持的、温暖的，不再像冰雪那样冷酷。

要摆脱现在常常引发障碍的旧有模式就必须改造过去的经验，就像布里吉特在治疗团体的帮助下所做的那样。她由于童年的经历而产生了对其他人的恐惧，这阻碍了她与人建立联系。一旦遇到这种场合她就会产生恐惧——常常是无意识的，害怕重复过去的感受。

美的典范

我们理想中的美与女性自恋密切相关。许多女性认为，她们必须符合适应时尚和美容的标准才能具有吸引力，而不管这是否会以牺牲她们的健康甚至幸福为代价。她们不是根据自己的看法，而是根据社会的标准来树立对女性身体和外貌的态度。

心理分析家玛丽莲·劳伦斯将女性称为“被凝视的性别”，因为女性比男性更容易受到公众的目光审视。无论她走到哪里，都处于聚光灯下，男性和其他女性都会因为她们的外貌而对她进行评判。也许这会迫使女性满足社会对吸引力和美的要求，以便被社会接受。然而，这种趋势也正在男性中逐渐出现，他们的身体正越来越多地被广告营销，并有了明确的规范，比如一个好看的男人应该是什么样子的。适应这些规范也迫使越来越多的男人患上暴食症。

被当今社会作为身材标准的苗条美，是一个只有少数女性能自然实现的理想。其结果是一种节食行为，通过饥饿实现美。如果我们看到“世界小姐”身材的苗条程度，那么对减肥的趋势就不会大惊小怪了：美国的零号尺码，即欧码32号（服装标准中的最小号），对应一个12岁女孩的身材。它是由许多好莱坞明星决定的，这就是为什么这种节食导致的厌食症也被称为“红毯厌食症”。

然而，在这种趋势出现的同时，人们也变得越来越胖。根据罗伯特·科赫研究所的数据，超过一半的德国人超重（体重指数[1]25～30），近1/4的人病态超重（肥胖症=体重指数30及以上）。特别是在儿童、青少年和年轻女性中尤为明显，她们要么很胖，要么很瘦。根据德国联邦统计局的微观调查，德国大约4%的女性和1%的男性体重过轻，两者都是无意义节食的结果。

当今几乎所有的女人都知道“节食食谱”，饮食障碍者更甚。她们了解这类食谱，尝试过其中的一些。女性和时装杂志也在新的特殊食谱上展开竞争，其口号是既能苗条又不需挨饿。在身体训练方面也相互竞争，号称能使每一个女性的身材更迷人。这些杂志上的女性看起来如此苗条，被厌食症患者视为目标。一方面，在时尚界，瘦得衣架般身材的女性仍然受到青睐，她们优先被聘请为时装试用者；另一方面普通女性也得到承诺，如果她们穿合身的衣服和坚持按食谱吃饭，她们一定也会非常漂亮。

大多数女性达不到杂志照片模特那样完美无瑕的体重，这些模特

[1] 体重指数＝体重（kg）÷身高^2（m）。正常体重：体重指数18～25；超重：体重指数25～30；轻度肥胖：体重指数＞30；中度肥胖：体重指数＞35；重度肥胖：体重指数＞40。——编者注

的照片在互联网和杂志上都经过了修图。然而，这可以给女性展现理想的榜样形象。女人胸部和臀部可以大，但腹部绝对不能凸起。大腿间隙在Instagram和其他社交媒体上现在是一个时尚标杆。

通往零号身材的道路要经过严格的饮食控制、过度的运动或厌食等。另一方面，正常体重和规律饮食的女性有她们的身体曲线，即使不起眼、被忽视。由于许多医生和心理学家对节食和饮食失调的负面影响提出了建议，通过书籍、杂志文章、电视和网络对节食进行宣传有了更加严格的限制。然而通过进一步的观察，很明显瘦身课程仍然有利可图。例如一家杂志会宣传节食的危险性，但会在文章最后再次宣传最新的减肥食谱。

由于体重不足的模特的死亡，时尚界近年来开始禁止太瘦的模特参加时装秀。一家著名的时尚杂志希望成为先驱，用所谓的普通女性作为摄影模特。然而，随着时间的推移，这些普通女性模特也变得越来越像传统的模特。

转变出现在一家化妆品公司的运动中。这家公司与心理学家们合作，推出一种新的形式，即在内衣海报上刊登正常体重的女性的照片。她们没有任何特殊风格的身材，但女性看到后很容易产生认同感。对这些模特的评价是太胖、太可怕、不完美，也有美丽、满意，这好歹是一种对正常的回归。如何评价在很大程度上取决于女性如何看待自己的身体。她们越多审视自己的身体，情绪反应就越强烈，无论是正面的还是负面的。谁想在一张海报上看到不被自己喜欢的、又很像自己的身体？曲线身材或加号身材模特，肥胖甚至超重女性，在当今的时尚界已不罕见。即使她们还没有被完全接受，但是在时装秀、时尚杂志封面上看到她们，是一件新鲜事和新的突破。

这种趋势在“身体自爱运动”中持续，它试图说服人们，她们的身体是美丽的，即使它不符合社会的审美标准。运动的目标是每个身体都被接受，无关其外观、肤色和完整性。该运动明确表示美的标准与个人没有多大关系，是社会建造的，并打破人们对外表和自然身体感觉的统一标准，以此与普遍存在的不切实际的理想的美做斗争，并加强个人的自尊心。首先，必须对这一运动积极评价。然而，也有人批评这项运动，因为它的接受对象也包含了超重和肥胖。例如，如果模特身高1.65米，体重120千克，就相当于有肥胖疾病了，必须和体重严重不足一样被视作疾病。

关于“正确”的理想的美和“正确”对待身体的讨论非常有争议。正如我已经在“数字化反馈”中提到的，某些特定的理想身材被发布在社交媒体上，如YouTube、Instagram、Snqpchat、Flickr（雅虎网络相册）等，发布前用修图软件编辑照片直到自己满意。现在大眼睛、心形脸和大屁股是人们眼中理想的美，好看的外表也越来越得到重视。运动塑身也变得越来越重要，没有什么人反对运动，然而它也可以被利用来满足对美丽、被认可和完善的自恋需求。这往往导致过度训练甚至运动成瘾，或导致暴食症、厌食症等。

为了逃避外部规范的支配，现在还在宣传一种“身体中立”思想，它假定了一种更中立地对待自己身体的态度。这意味着外表不是一切，我们不一定非要对自己的身体感到舒适，身体不仅仅只是一个可操纵的傀儡。这虽然不是真正的新认知，但也让人看到一线希望。如果这种趋势逐渐流行，我们有很大的机会改变我们的审美模式和评价模式。

然而，这是否可以帮助自恋女性还有待商榷，因为自恋追求的是完美和理想，而不是正常。相反，自恋女性会避免看上去正常，如果不脱颖而出，她怎么能得到认可呢？害怕不被注意或不够美丽，会直接导致不被爱和不“正确”的“旧伤口”被揭开。这使得自恋女性对完美主义更加渴望，以及满足社会和个人期望的日常努力。

以一个年轻女子的故事为例。她曾赢得一场令人羡慕的模特大赛。但多年后，当她意外地在健身房里看到当年模特大赛的评委会主席时，她跑开了，因为她觉得那天她不够漂亮，不够有吸引力。别人会怎么看待她呢？她不能让自己这么丑，她太没有安全感了。即使有人提醒她，她已经从一大群竞争对手中脱颖而出，成为最美丽的，也不会影响她对自己形象的认知和自信。她不能将乐观内化为自己的一部分，而是仍然坚持灰姑娘的形象。她之所以这样，很大一部分原因是她内心的不安全感。

由此可见，如果内心不愿意接受正面的自我形象，以表扬、奖品或表彰为形式的外部认可就无法产生持久的效果。

以上故事是真的还是只是一个成功的公关笑话都无关紧要。它准确地显示了许多女性自恋者的经历：只有当我是完美的，我才能展示自己；只有完美的外表才有能力暂时压制自卑感。

WEIBLICHER NARZISSMUS

第三部分　一种极端的生活

在自卑和自以为是之间的压力环境中

科杜拉在结束我们诊所的治疗时写了一篇文章，其中有些我在前文中已经引用过了，而以下摘录的是她治疗的结果。我把这段话用来作为本书第三部分的开场白，因为它表明了她对摆脱内心禁锢的渴望。

在最近的12周里我学会了不少东西。我知道我又充满了活力。我学会了正确地对待自己身上积极的和消极的情绪。我必须尽量少隐藏自己，而一直以来躲躲藏藏是我本性的一部分，比如我隐藏了自己对别人的要求。我慢慢地学会了容忍和察觉自己的愿望，并把它表达出来，尽管对我来说显得有些不太合理。

我慢慢地学会了在遭人拒绝时也不认为是自己的问题。在过去的12周里，我的交往困难暴露无遗。于是我产生了新的问题：如何“与人接近”，如何建立联系。我觉得自己没有能力去建立这种联系。我必须注意不要重新陷入旧有的思维模式，过去我总认为没有人会与我交往，我不值得人爱。另一个在治疗中常常遇到的重要问题，是我难以接纳自己的一切，我还保留着想要接近心目中的理想的那部分。我意识到寻求帮助对我来说是多么困难。

总而言之，通过治疗我有了明显的进步。我知道了我可以自己做出决定，也必须做出决定，从“必须”发展到“愿意”。

尽管这条改变的路很漫长，对它的认识也不是一蹴而就的，改变需要时间，但这样去做是完全值得的。

“千里之行，始于足下。”这是中国古代思想家老子的一句名言。我们的目标并不仅仅是要达到理想的状态——治愈，其实远在达到目标之前，只要踏上这条路就是非常有意义的事。

人们都期望在最短的时间里克服障碍，比别人更快更好地达到目标。似乎从一种体验到另一种体验不需要花费多少时间就能实现。在这种状态下，人很难理解这句名言的价值。我们发现，那些自以为是的自恋行为往往表达了内心的烦躁。

我用图3–1的这个模型来描绘自恋体系，我把它称为“自恋的分割模型”，它由三部分组成：自卑／抑郁的自我、自以为是的虚假的自我、真实的自我。

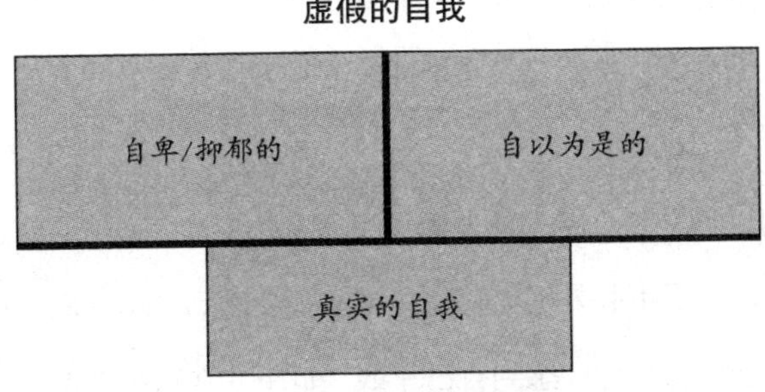

图3–1 自恋的分割模型

自卑和自以为是的女性并不是真正自卑或自以为是，而是她们体验到了自卑及自以为是的感受。她们感觉到自己是卑贱的、微不足道的或者是特别的、了不起的。但事实上她们并不比别人差，也并不比别人好。为了简单明了和使概念通俗易懂，我这儿只提自卑和自以为是，并只用它们的某些意思。在这里，抑郁的概念也不是通常所理解的那种抑郁症，而是压抑心情的同义词。所有这三个部分——自卑、自以为是的虚假的自我与真实的自我，被栅栏（深色的水平线和垂直线）相互隔开，用专业术语来说，它们被水平和垂直分割。

“分割”是一个心理分析理论中的专用术语，它表达了一种心理防御机制。防御机制是心理上的摆脱和保护机制，它要阻止那些诸如恐惧、精神痛苦和内疚等令人不愉快的感觉侵入意识之中。虽然通过防御可以减轻这些感觉的冲突，但不能完全消除，它们还会在不知不觉中继续产生作用，这样就会对人持续产生影响。

分割就是把对立的、相互矛盾的东西分开，以防止恐惧和危险的产生。这也可以从她们总是重视冲突的一方而拒绝另一方的行为中一目了然。

我们以自卑和自以为是为例：当事人处于自以为是的状态时，除了觉得自己很了不起外别无其他，根本不会感到自卑。但一旦她们受到批评就会转为抑郁，感到自己卑贱、低下。在这种状态下她们不会觉得自己有多么了不起，也不能有意识地回忆感到了不起和有优越感时的情形，在这个时候自以为是被否定了。也就是说，当事人内在的体验犹如两个无法协调的人在做一件事：一个是自信的，另一个则是无助的、自卑的。

从外表上她们也可以把人分割成“非常好的”和“非常坏的”两种。对当事人来说，好人必须一直好，坏人必须一直坏，对人的评价在很短时间里可能发生改变。一个人一直被看作好人，但如果做了一件令人失望的事，就突然变成了坏人。同样，一个过去一直被否定的人，因为表现得非常友好和引起别人的兴趣就突然成为一个讨人喜欢的人。于是，不共戴天的敌人可以成为贴心的朋友，或者相反。一种评价转向另一种评价完全是突然的，没有一点预兆和过渡。前一分钟和后一分钟的行为不是连续的，而是突然改变。这种对一个人评价的突然改变，是有女性自恋特征的女性关系动态的特征。

为了维持这种分割，自恋女性必须拒绝自我的、别人的和情景中的大部分。因为人们能感知到的自己和世界都仅仅是一部分，其余的都被分割和拒绝了。在引起分割的冲突中，解决问题的思维受到了极大的限制或者一点都没有了。比如当事人对来自他人的批评毫无例外地表现为自我贬低和强烈的自卑感，而不是把如何从批评中学到一些东西作为有益的思考。

虽然分割是一种心理机制，但也有身体上的表现，如肌肉的紧张。这种紧张主要出现在背部、横膈膜、胸部和颈部，阻碍了感受的出现、察觉和表达，表现为浅呼吸、胸腔收紧和喉咙紧张，这时人“发不出声音”，而是感受到一种压力，并且喉咙哑了。身体的紧张阻碍了深刻的情感体验，也阻碍了对真实的自我的体验。

在这些人身上我们看不到“中间”，而只能看到她们在两极间不断地摆动。在交往中，她们有时非常坦率，令人喜欢，但如果她们感觉受到伤害就会中止交往，突然地没有任何预兆地变成了另一个人，对面的人大多还没有察觉到什么，变化就已经发生了。别人不能理解的还有她们表现出来的外表的自信和内在不安全感的对立。

在自以为是的光彩中

当我借助一种模型来论述女性的自恋人格障碍时，肯定会简化这种心理现象。从词义上就可以看出，心理过程是一种活动的过程，它没有固定的、程式化的结构。这里所使用的模型却是固定的、不能活动的，所以它不能完整地描绘心理过程，而似乎更像是一种对体验的瞬间定格。就像摄影时不可能拍出一个活动的过程，但仍然能再现出一种印象。这也是以下模型[1]可以做到的，它也是前文中模型的拓展。

我在“渴望得到认可”（第一部）中曾经把自以为是说成是奖牌的一面。更快、更好、更兴奋……就是活生生的自以为是。我并不是以此来反对进步和发展，而是反对“过度”。越来越严重的环境破坏和时间的浪费，都是我们所有人必须承担的后果。这意味着失去自我。我们不是倾听自己、反省并按照我们的想法行事，而是被驱使去达到标准，无论我们是否愿意。

如果我们从女性自恋的角度来观察自以为是，就会发现它有两种

[1] 这个模型部分可以追溯到约翰逊（1988 年），他使用科胡特的垂直和水平分割的概念。这个理念由斯陶斯进行了补充和扩展。

表现形式：刻板的和口头的。

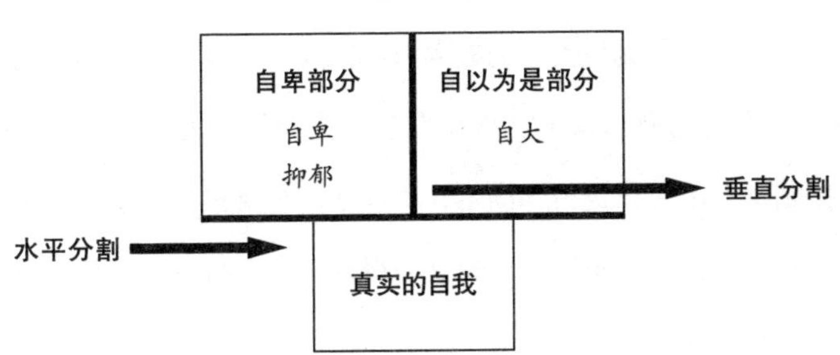

自卑部分

- 自卑感
- 虚无感
- 自我贬低
- 羞耻感，负罪感
- 不断反思

自以为是部分

- 完美主义
- 假性独立，毫无需求
- 成就，坚强
- 过度迎合
- 与众不同
- 持续的行动
- 缺乏常态

（以上：刻板的）

- 提出要求
- 亢奋

（以上：口头的）

真实的自我

- 真正的感觉和需要
- 渴望被保护，对信任、安全感、被接纳和依恋的需要
- 抱负，理想，能力
- 认同，完美正直
- 生机/活力
- 身体健康的障碍和遗弃创伤
- 对毁灭和遗弃的恐惧及危机
- 融合共生愿望
- 伤心和愤怒
- 空虚，恐慌，贫乏，黑洞，软弱，崩溃

图3–2　自恋的分割模型

我对“刻板”和“口头”的概念定义取自洛文的身体分类方法，主要描绘人类的某种行为和态度。洛文是心理治疗师和生物能量分析的创始人。简言之，刻板类型的人竭力取得成功、成就，认为自己要变得强大才能得到爱和认可。口头类型，更确切地说是在早期缺乏爱，一些基本要求又很少得到满足，所以她们想要得到补偿。口头类型表现为自己不去积极争取，而想立即得到一切。将在下一节（我要一切，并且立刻要）中解释。

刻板类型的人发现自己很难表达爱的感觉，因为他担心会失去力量。

我把刻板的内容归纳为7个范畴，可能还有不少遗漏：

- 完善主义。
- 假性独立，假自主意义上的独立性。
- 男性品质，比如成就、权力、自信、强大，这些女性用“男性”这个词来描述她们自我理想中的部分。
- （过度）迎合想象中的期待和控制。
- 与众不同，高傲。
- 持续行动直至精疲力竭。
- 以上所有观点的共同点是缺乏常态。

前六项可以弥补自恋女性的自卑感。但这样一来，她们就丧失了“自然的”状态，因为她们不仅仅要取得好成绩，而且必须好上加好。她们对自己也会提出过高的要求，不允许出错，也不许学习，而是必须什么都能做。

完美主义

完美主义表现了这些女性要具备的品质的绝对性。这样的要求会起阻碍作用，因为它使个性的发展缺少了空间。

她们对所有的人和事包括她们自己，都以这种非常高的、几乎无法达到的标准去评价。她们从来没有满足过，因为现实与理想总是不符。所以，她们总是对自己、他人和她们的生活很失望。她们将此归咎于自己的无能和他人的欠缺，而没有认识到自己的理想太不切实际。于是，接踵而来的就是低估自己和别人，产生挫折感和自卑感，以及关系的破裂。这些强化了无能的体验，又是她们追求完美的原因。根据汉斯–彼得·哈特曼的说法，变得特殊和完善是“试图补偿对自己的个性的钦佩和认可，而这些是自己原本未能得到的……并且……试图保持这种钦佩”。

假性独立

假性独立意味着表现得像是不需要别人也可以做这事。在自恋者的理想形象中，她们渴望绝对的自主性，不依赖别人，包括感情和需求。别人需要的东西，即亲密、关注和爱，她们宣称对自己没有必要。事实上女性自恋者也是需要依赖别人的，只是她们把这种感受给掩盖起来了，她们常常表现得只对他人的形象有兴趣，而不是对人。所以有时对她们来说，男友的职业或面子常常比被她们忽略的个性更重要。理想的形象使她们撇开自己的感受，不让愿望和冲动出现。这种机制建立得如此之快，以至于受影响者几乎没有意识到它。对感觉、觉察和愿望的禁止越严厉，对感情和需求的恐惧就越严重：最好什么都不想，什么都不要。

许多女性有这种假性独立的行为，就像戴着面具一样，面具后面隐藏着另一个她们不想并且无法表达和展示的人。如果面具脱落，她们会变得脆弱、任人摆布、手无寸铁，所以她们不想展示自己的任何信息，来逃离被利用的风险。

成就和坚强

成就和坚强，这是男性品质的代表。女性自恋者的自我理想反映了自己的愿望、想法以及社会规范。最重要的是，成就是自恋者获得认可和钦佩的领域。一方面，我们生活在一个以成就为导向的社会，社会奖励有能力的人。另一方面，成年人从原生家庭中学到，只有特殊的成就才会有积极的反馈，这促使她们总是想成为甚至必须成为最好的。

过度迎合

自恋的女性认为，为了被人喜欢，自己必须比别人更好、更有魅力、更成功、更活泼和更风趣。这里她们关心的并不是自己，而是对方和她想象中的对自己的期待。她觉得满足别人的期待很重要，但这里她们完全走进了一个误区。因为在大多数情况下，这种期待都是想象中的、虚构的，而不是别人公开说出来的。这样一来，这些女性只是在“间接地”按别人的意愿行事。其实她们的行为准则是自己的想象，就像她们想象自己必须是怎样的一个人。但她们的体验却好像完全是为了顺从别人，只是为了别人的缘故而去做一件事或不做一件事。其他人的想法在这里没有作用，女性甚至不知道对方想从她们身上得到什么，因为她们也不问，因此与对方失去了交流。留给她们的唯一东西就是对对方期望的假设。自以为是者的内心想法是：我必须百分之百地顺从，这样我能得到一切！但大家都知道这是骗人的，因为这样做大多数时候结果恰恰相反。

与众不同

我们过去的一个病人贡蒂感到强烈地需要光鲜的外表：

> 自以为是是我特有的问题，我的自以为是是我认为自己可以被每个人爱。我无法忍受别人生我的气或不想进一步了解我。我常常要把事情做得非常好。我总是想做得更好，要超过别人。为了被爱，我必须是最好的、最受人爱戴、最漂亮的。如果我很平常，像大多数人一样，就不能想象会被人爱。平常人得到一般的爱，杰出的人获得特别的爱，我是这样认为的。

自以为是也包括一个衡量自恋女性幸福感的理想形象，所以她拼命想要向这个形象靠拢。如果你要求她们描述自己的理想，会发现这些想法基本上是无法实现的。她们的理想与特殊概念直接相关，其中大多数继承自父母。这在一个病人的情况中可以表现出来。当我问她自我理想时，她不知道该怎么做：我应该像我想的那样描述自己，还是像我妈妈希望的那样描述自己？结果表明两者几乎是一样的。但是，女人想要成为什么样的人，往往与她是什么人和她如何看待自己完全相反。

持续的行动，自以为是的烦躁

如果我和别人在一起，就会感到冷场是一件很难堪的事，哪怕只是短暂的。我总觉得我必须说一些有趣的事，以便使人觉得与我在一起不是很无聊。我总有一种感觉，为了使别人有兴趣与我在一起，我必须“奉献”一些东西。

自恋女性使用过去在家庭或学校受到关注和钦佩的方法，试图在成人后同样获得关注和钦佩。她觉得“仅仅”在场是不够的，还必须“制造”些东西。她并不觉得自己对别人有过分要求。

自以为是包含着一种持续的内心烦躁，表现为经常忐忑不安、好动、改变外表。这些行为一直待续到她精疲力竭，当事人希望休息，然而她又不承认，因为这无异于失败，直到有“一个很好的理由”，比如生病了。在这种情况下，她是被外界逼迫躺下休息的，而不必承认是自己无能。如果她在接受心理治疗时病了，这往往不仅仅是一种身体上的病，还常常是心理上的一种信号。这标志着她对自己过于苛求，需要休息了，也可能表示她有尚未解决的问题和一种从没经历过的无助、悲伤或需要保护的感觉。在患病期间，她渴望得到照料和关怀。同时，她也觉察到自己害怕倒下以及害怕获得关注后无法给予对方回报。她很难主动寻求帮助，因为她担心自己变得依赖照料者。这样，她处于希望得到关心和又害怕得到关心的内心矛盾中。

另一种休息的形式就是吃东西。吃很多的东西，吃饱，吃到再也吃不下，在一段时间内再也没有食欲为止。也可以使用其他成瘾物质使人从自以为是的“旋转木马”上下来。

“消除”自以为是是康复的一部分。这意味着告别自以为是的行为，并要忍受对不再与众不同的恐惧。只有经验才能使当事人懂得展现自己的样子就足够了，她们会被人喜欢。要获得这样的经验是非常痛苦的，因为在她们的脑海里常常会出现许多这样做是否对的疑虑。她也极其渴望仅仅是因为她自己就可以被爱，而不必为此付出什么。如果获得了这些她长久以来一直渴望的东西，她不仅仅会快乐，而且也会痛苦，因为这种渴望以后再也不会有了。但这是一种有益于健康的痛苦，它能唤醒迄今没有体验过的感受。

在追求自我理想时，我们还是可以追求自己以前缺乏的东西，以此来感受完整的自我。因为自我理想也有积极的一面，即如果人们能够触碰到它，就可以获得这种潜力。

自我理想本身不是坏事，也不是问题，但它的绝对性和无情性使它成为一个问题。

我要一切，并且立刻要

自以为是的第二个表现形式是“口头的”。根据洛文的身体分类方法，与深层需求有关的行为属此类。由于早期缺乏和没有得到充分接纳和爱的孤独经验，以及长大以后的一些基本需求很少得到满足，她们觉得应该要得到补偿，满足她们所有的愿望。人们把这种情况称为“口头的”要求行为，表现为自己不去积极争取，而想立即得到一切。她们幻想从别人那儿能得到所有的东西。有口头结构特征的女性没有学会认真对待自己的需求，去维护它、满足它。她们常常不重视自身的需求，以致根本没有意识到她们真正需要的是什么。所以，她们期待有别人来告诉她们怎样干最好。

这种口头的需求事实上解决不了什么问题，因为它经常与虚假的自我体验相联系。这就是她们贪得无厌的根源，这不仅会使她们在饮食方面产生障碍，在交往、爱、关注、赞扬、成功等方面同样都没有足够的满足，也就是没有“吃饱”。她们“培育”着虚假的自我，为了增强自以为是，她们需要被人关注和同化，但她们却没能建立起一个从别人那儿得到身体和情感补给的立足点。她们就像一个无底洞，上瘾似的没完没了地提要求。

> 如果有人告诉我他爱我，我会非常兴奋，但维持不了多长时间，一闪即逝。我感到一种危险：当那人离开时，一扇门将会打开，被爱的感觉会和那个人一起溜走。

在孩子出生后几个月内，由于缺少照料或过度照料而产生的不满足和失落感可以用兴奋和欣快来弥补。自恋女性就处于抑郁和欣快的经常转换中。如果受到表扬和关注，或坠入爱河，她们就会欣喜若狂，心情非常愉快。由于她们的语言和欣快情绪，旁观者觉得她们完全是“魂不守舍”，只有她们自己不觉得。

这里危险的是每一种欣快状态都容易使人得病，并会迅速破灭。现实往往不像她在魂不守舍时那么美妙，所以这些女性必然会遭遇失望，这会给她们造成沉重打击。思维的极端化让她们渴望要么立刻得到一切，要么一无所有。如果无限满足欲望的要求没有得到满足，她们最初的反应是贬低他人，以后是自以为是的崩溃，感到自己一无是处、一文不值。再往后她们就发誓：“下一次我要做得更好，付出更多，这样我会成功。”她们试图使自己的理想形象更合理，看上去更完美，为了达到梦想中的体形而进一步减肥，期望这样一来一切问题都迎刃而解。这儿的自以为是是坚信只要自己更努力，什么目的都能达到，相信能对自己的身体、别人及其行为施加充分的影响，这样世界就在自己的掌握和控制之中。

如果失败了，她们马上会情绪低落，陷入深深的疑虑、空虚和孤独感之中，尽管只是遇到轻微的挫折。这种从“巅峰到低谷”的变化常常导致抑郁或疾病的发生。在这一时期，她们的不良嗜好旧病复发，作为平衡的最后一步棋，这当然是危险的。在高处时是那么欣快，而坠落到低谷时又是那么失落。由于同一性感觉很差，她们不可能把握自己，于是把突然的坠落体验为掉进一个虚无缥缈的有危险的陷阱之中。

口头的行为也表明缺乏安全感的女性以愿望的满足来替代愿望的表达。所以，她们审查自己的愿望，只允许那些可以被满足的愿望保存下来。另一些她们认为太大和太无耻的愿望几乎连想都不去想，更别提告诉别人了。但由此产生了一种操纵和控制别人的秘密形式，其目的在于间接地从他人那儿获得自己不敢公开说出来的东西。如果人们可以自我依靠，那么在与伴侣、朋友或治疗师的信任关系中，渴望被接受的深切愿望就是可以实现的。然而，是否接受这种精神滋养完全取决于接受者，没有人能左右她。

我一文不值

当一个人自以为是的时候，也是她产生自卑和抑郁感的时刻。在大多数情况下，这是由于疾病、受批评或遭拒绝而发生的，以前自大的情绪现在自然地过渡成负面体验。这时女性就开始贬低自己，更多地表现为对自己非常挑剔和贬低自己的身材："我太胖，难看，令人讨厌，愚笨，是一个没用的人，我什么都不会。"这时女性质疑她所有的价值和存在，产生了强烈的羞愧和负罪感，因为她们不能恰当地对待自己的需要。一个广为流传的例子是对批评的反应：虽然10个人中只有1个人对她持批评态度，但她却只关注那个批评态度，而忽略了另外9个人的表扬态度。于是，她产生了自卑感。

贡蒂在治疗期间对她内心的自我贬低是这样描述的：

我有一个严重的问题，在这个星期我感到自己暴露出许多缺点。我感到自己完全被别人控制了。我有一种幻觉，团体中有些人觉得我太吵、话太多、太活跃等。我常常为现在别人是如何看我的而担心。我对自己的感觉糟透了。我总感到自己一文不值，有满身的缺点，很差劲，难看，什么都不会，没有人喜欢我，也没有人知道我是怎样的，想要什么。这一切都越来越使我产生被遗弃的孤独和寂寞的感觉。我无法想象真正讨人喜欢、肯定自己和允许自己有缺点是怎样一种感觉。我自己都无法接受自己，觉得自己很讨人嫌，所以就避免与人深入交往。

自恋的女性担心被别人拒绝，但她们没有发觉自己就不接纳自己。因此，精神病学家汉斯–约阿希姆·马兹也称之为看起来的自大，它描述了人们放任自尊问题的存在，并使自己变得更无助和更需要别人的态度。如果她们在童年时就已经学会了通过顺从和被动来获得支持，这会进一步强化她们的受害者心态和自我贬低。

贬低自我包括贬低自身、贬低自己的能力和身体形象。如果身体符合理想状态，她才会接纳它。但它很少能满足理想的状态，所以大多数时候她都会产生讨厌身体的感觉。她们常常把本来与身体无关的过失和责任都归咎于它。比如，女性会认为一段关系的破裂与她们的身体有关。“如果一个人像我这么胖，这么难看，肯定不会有人喜欢。”身体有时也被作为求职失败的理由：“我得不到那个职位，是因为我不够有魅力。”

然而，身体的漂亮与成就之间，以及身体没有魅力与被拒绝之间的联系，不仅仅是患者的思维结果。媒体也经常提及这种联系。电影和广告中总是强调，特别有魅力的女性在生活的各个方面都会取得成功。从这个意义上来说，这也是许多女性所承受的普遍社会问题。所以，我认为重要的是批判性地去探讨这些联系，而不是不假思索地相信。

根据约翰逊的说法，除了贬低外，还有对身体的“怀疑”，即她们经常担心生理上的健康。“心身疾病和疑病症使当事人有理由自暴自弃。”身体的疾患、生病和抑郁，正如我指出的那样，是对无法达到完美主义要求的一种“托词”，也是一种不能承担心理痛苦的表现。要女性自恋者承认自己有局限性和表达自己的需要是一个大问题，因为女性自恋者非常害怕她们的真实感受。她们感到自己不好或伤心的时候从不告诉别人，而是装着一切都正常的样子。她们更愿意去关心那些比她们更糟糕的人。所以，身体上的苦痛是她们表达生活和心理上的痛苦的出口。

不断或频繁地感到羞愧是虚弱自我的另一个特征。约翰逊认为，“每一次被拒绝和出错所引发的无用、屈辱和羞愧的极端感觉，都与不允许出任何错误的自我概念有关”。觉察到自己的需要和愿望会使她们感到羞耻，更别提说出来了，特别是涉及亲密和感情的需求。正是因为她们如此羞于说出这些需要，所以她们宁可否认它，等待着别人自觉地向她们提供这些东西。她们自己从不与人推心置腹，尽管她们得不到现在想要的东西，但她们并不敢告诉别人。这种羞耻感和她们失去的自我意识有关。如果她们说出对关注的渴望，就会显露出一部分一直向自己和他人隐瞒的自我。而这一旦显现出来就会被人看到而无法再隐藏，毫无保护地赤裸裸地展现在他人的面前。这一方面会引发恐惧，另一方面也会让她们惭愧无比。

羞耻感意味着害怕被他人羞辱、丢脸、被人看穿自己或自己看到自己的缺陷。她们畏惧遭人羞辱和轻视，从而使自己“成为”一个不值得爱的人。因为女性自恋者是根据他人的反馈和肯定才能感觉到一致的自我体验，所以害怕丢脸是可以理解的，因为这样她们会有丧失自我的感觉，觉得自己一钱不值。

羞耻感总是与受人侵犯、被人征服有关。羞耻反应，即躲藏起来不被看到，可以被视作重建防线的最后一个希望。如果一个人的自我虚弱，没有其他办法保护自己，那么他就会采用这种方式。如果这道抵抗外界的防线由于被突破而失去了屏障作用，那么任何一种侵犯形式都是危险，看到和被看到都是侵犯，并且与攻击性内容和性内容有关。所以，许多女性很难忍受被人注视。克尔斯汀描述了一种典型的情景：

当我感到自己的身体很不错时，如果有人目不转睛地盯着我看，而且恰恰是男人，我就会贬低自己，认为自己难看、很胖、令人讨厌。我不会产生那样一种感觉：太好了，那人正看着我呢。而是感到非常不安全，很羞愧。

当有人盯着她时，克尔斯汀几乎无法抵抗。别人的目光深深地打击了她，侵入到她内心深处，她无法防御。不仅被人看，就连被人提到、受人邀请和被人爱、接受爱、积极的批评和性行为，都会引起她们的羞耻。这些女性把这一切都体验为“危险的侵犯”，需要加以防御，以致她们对此加以拒绝，尽管她们内心是非常渴望得到的。这是悲剧的，因为自恋性的追求是为了表达爱，但同时自恋却阻碍了它。

我究竟是谁

自恋者在很大程度上无法获得真实的自我体验。她们几乎无法接触到这种体验，她们所能体验到的东西常常是虚假的自我的两极。当事人常常这样写道：“虽然我想给别人留下一个独立的、有成就的好印象，但为什么我总觉得自己很渺小、很糟糕？我究竟是谁，我究竟要干什么？我是一个连我自己都觉得害怕的、那种无人看得起的侏儒呢，还是我想象中的、具有无限威力的大英雄？”

她们既不是前者，也不是后者。她们两者都沾点边，但又都不完全相同。自己究竟是谁？她们期待成为最好的那个。

在自恋人格中，真实的自我体验除了真实的感受和需要外，还包括儿童期没有得到满足或不受欢迎的体验。正如我们已经看到的那样，这些体验包括安全、保护、被承认、信任和依恋。另外，体验饥饱、身体健康、温柔的触摸及身体接触等方面可能也会产生障碍。一旦虚假的自我体验形成，就会产生恐惧感，这也是真实的自我体验的一部分。这里特别是对被毁灭和孤独的恐惧。

自我发展不足导致的是一种想与理想中的人（伴侣或女治疗师）

融合共生的愿望，她们渴望一种经常性的、完全的肯定和赞赏，以及强烈的情感满足。伴随这些需求而来的是强烈的委屈和无法获得满足的愤怒感。自我很容易受到伤害，变得不安全和不稳定，由此产生了与一无所能、懦弱崩溃体验有关的空虚、恐慌和空洞的感觉。

因此，病人接近真实的自我时会体验到一种深度的不确定性，因为接触真实的自我也会释放迄今一直被压抑的感觉，这些感觉与幼儿期的孤独、被遗弃、疾病和伤害有关。所以，在接近真实的自我体验时，当事人从良好的感觉突然转变为深度的恐惧和恐慌状态一点都不奇怪。治疗师的作用就在于帮助病人“把不受欢迎的感觉转变成受欢迎的”，促使她们把感受讲出来解除障碍。

“我根本不知道自己究竟怎么啦，我完全糊涂了。”这是女性开始觉察她们真实的自我体验时的感觉。她们感到老的方式不适宜了，过去的虚假的自我的屏障不起作用了，暂时的内在稳定被强烈感觉所取代，它不再像过去那样可以预料。伴随这种不确定的是恐惧。病人们试图恢复和平衡她们的体验，但她们暂时做不到。与此同时，她们体验到一种新的、积极的联系感，以及身体的放松和满足的感觉。

“好食物”和“坏食物”

暴饮暴食症状在自卑、自以为是和真实的自我体验等方面有不同的机能和意义。通常，它像虚假的自我体验一样，都是对真实的自我体验的感受和需要加以拒绝（图3–3）。

自卑	自以为是
暴饮暴食是自我贬低的一种形式	暴饮暴食是为了维护一种理想的形象（苗条，无问题）
对自己的自卑、敌意、贪婪和欲望的一种自我惩罚	抵抗失望和委屈
呕吐是清洁的程序，把自己从不愉快的情境中解脱出来	“吃掉”压力和冲突
吃东西是对性欲和恐惧的抵抗	从大嚼中寻求平静
	呕吐是对狼吞虎咽行为的挽回

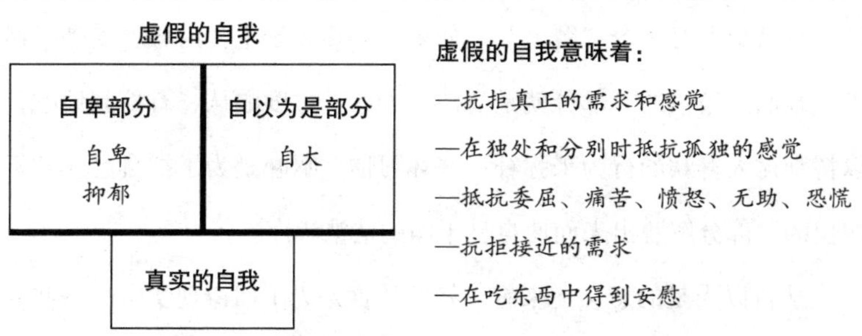

图3–3　暴饮暴食症状在自恋分割模式中的意义

与自卑部分有关的吃和呕吐的作用是多层次的。首先它是一种自我贬低的形式，暴食者以此来证明其实自己是多么自卑和令人讨厌。她们以这种吃了又吐的贬抑情形来证实对自己的消极感觉。病人们把自己体验成贪婪的动物，变态、不正常、可鄙等。

暴饮暴食也是对自卑和敌意的一种自我惩罚的形式，此外，它也与性感受、情欲和贪婪有关，女性把这些都看作是肮脏的、“不愉快的”，为此她们要通过禁欲和呕吐来惩罚自己。她们吃了东西就有了罪过，所以必须“赎罪”和惩罚自己。由于她们认为自己不是一个好人，所以也就不该有好报。通过暴吃和呕吐，她们感觉自己毫无价值，这种方式又反过来证明自己主观想象中的自卑，形成了一种恶性循环。

暴食者内心有“不愉快”和“愉快”之分。“不愉快”部分是无节制地吃，然后再吐掉。这是反常的、缺乏毅力、变态的、情欲的、肮脏的。女作家玛雅·朗斯多夫曾就这个问题问过一些女性，她们告诉她自己身上有一个“魔鬼”。如果她们热衷于吃，内心就受到了污染。她们“愉快的”部分就是清洁、干净、过度顺从、有控制地吃，以特别讨人喜欢的行为来弥补一些坏习惯。呕吐是为了把自己从“不愉快的”部分解脱出来而使自己干净的清洁程序。

从自以为是的意义上来看，暴饮暴食是为了回避现实中的一些问题，把压力、失望、冲突“统统吃掉”，以此来向世人和自己证明自己没有问题。

为了漂亮，暴食者必须苗条；为了回避问题，她们又要吃；为了不胖起来，她们必须把吃进去的东西再吐出来。她们试图这样来保持理想的身材：苗条，有魅力，同时没有任何问题。呕吐是对狂吃狂喝的补救，好像这样就可以把所有的问题都扔进下水道里一冲了之。自恋者内心的烦躁通过吃和吐得到暂时的平息。

暴饮暴食症状与真实的自我体验有关，它是为了抵抗真正的需求和感受，抵抗孤独感，抵抗接近、安宁和被接纳的渴望，同时有助于抵御性欲和恐惧。她们用狼吞虎咽来发泄，尤其在独处和分别的情境时，她们体验到被抛弃和忧伤，于是产生对他人的渴望，特别需要接近，对孤独感到痛苦和愤怒。在孤立无援和恐慌害怕的时候，她们就用吃和吐来对抗这种感觉，因为她们没有勇气（大多数人也没有把握）容忍这种感觉的存在。为此，她们需要接受治疗或自助团体的援助，以获得支持和安全感。由于早年缺少照料，她们缺乏能帮助她们应对那种时刻的自我安慰和自我接纳。吃东西可以被看作一种安慰的尝试。

正如暴食者的人格是分裂的那样，我们在吃的行为上也看到了这种分裂：吃东西不好，节食和苗条是好的。相应地，吃的东西也被分成好的和坏的。好的食物不会使人发胖，是“健康的”，脂肪很少，几乎没有卡路里，如脱脂酸奶和麸皮面包。它们也是被允许的食物。

坏的食物则热量高，味道很好，如比萨、面条、奶油、布丁、巧克力等。其实这些都是她们喜欢吃的食物，但她们不许自己吃，不然的话，只能吃了以后再吐掉或者通过过度的运动来减肥。

她们给的理由是“我怕胖起来。”根据我的看法，这种害怕与暴食者的自以为是和过高的自我形象有关。如果她的体重超出了理想允许范围（与过去差别很小），她就会有自以为是的平衡被打破的危机。她感到自卑，产生了真实的自我体验，希望“正常”和受人爱戴。这种“正常”也包括身体的：我不想通过饥饿（或呕吐）来降低体重，我要吃饱，重几千克也会被人接纳和爱的。但这样的想法会导致产生更大的恐惧，因为世人不是根据这样的原则来评价一个人的。对暴食者来说，相信存在就是合理，虽然不完美但仍能得到关注，意味着一种极大的冒险。如果她这样做，就会体验到恐慌性的害怕和对合理性的怀疑，并伴有孤独和被毁灭的感觉。这时，她会重新遭遇早年经历的恐惧和过去被拒绝的经验，以及对他人的猜疑憎恨。

被禁止的欲望和贪婪

欲望和贪婪对自恋女性来说是被禁止的，她们通过节食和禁欲来压制。然而，这使得它们更强大，更难以控制和令人害怕。贪婪和节食就像光和影一样相互依赖，一开始与饮食障碍毫无关系。任何长期不吃东西的人都会产生贪婪的饥饿感，这是一条简单的身体反应的生理规律。为了漂亮而节食的女性试图克服这一自然的过程，在即使饿的时候也什么都不吃。这样做违背身体的规律，不可能持久地使身体处于健康状态，本能是无法改变的。人们越是像苦行僧那样刻苦修炼，贪婪就会越严重。一旦不接触食物，贪婪就会冒出头来，似乎她们长时间用以抵抗欲望、饥饿和贪婪的堤坝要决堤了。在这种情形下，她们的体验只能非此即彼，即要么控制，要么无节制地贪婪。

从自以为是的角度来看，贪婪可以被看作总是企图要求很多，而不满足于“正常数值”。贪婪就是没有节制，如果可能的话，她“什么都想要”。它旨在平衡恐惧和缺乏信心。这种态度也表明，当事人不想节制，不认为这是生活的一部分。

贡蒂在住院治疗初期觉察到自己的贪婪和烦躁不安。

我给自己很大的压力，让自己尽可能多地工作，不让自己有空闲时间。我常常有这样的感觉：我必须尽可能快地做完所有的事情，同时认识所有的人，接近他们，进行思考和交谈，等等。我是这样生活的：总是尽可能地要求一切！立即要！就好像完全被生活所迫，赶着去做这做那。我不许自己歇息，既不能闲着，也不能享受。我就好像一直在“旅行”。我非常想停下来，找到自己正确的定位。我知道我自己过分地忙碌，但我根本不知道还能干些什么别的，我的整个生活都在忙忙碌碌中度过。慢慢地我感到我在为假装生活美好而欺骗自己。尽管我有时是“被迫”去做一些能使我快乐的事，但我仍感到要迅速完成我的职责的压力。所有要做的事我都会觉得必须快点做完，这样我可以马上做下一件事，因此毫无享受可言。在我的头脑中有一块黑板，那上面写着我必须去做的所有事，没完没了。

在我看来我必须工作，必须承担责任。我不能享受，不能娱乐。我现在非常伤心。现在我才对上述所写的东西有了一些正确的认识，我就像一条狗在追逐着腊肠，但始终得不到它。

在读上述这段文字时，人们可以觉察出这个女性的内心烦躁。这是一种典型的自以为是或防御反应，由此她不停地忙碌着。尽管她也意识到自己真的很需要安静、暂停和“正常状态”，但就是停不下来，她仍然在追逐一个永远无法实现、从长远来看也不会让她快乐的理想，但她却仍要追逐它。要她停止这样做的第一步就是认识动因并为此感到悲哀。但是要对现状加以改变，不能仅仅停留在认识上而没有进一步的动作。

进退两难的关系

进退两难就是陷入一种困境；要在两件都不喜欢的事中做出选择；迫不得已的境况和迫不得已的抉择。自恋女性的关系通常都是进退两难的，她们在亲近和疏远之间进行选择。如果选择亲近，她们会害怕被吞没；要是选择疏远，她们又担心自己会孤单和沮丧。不管做出什么决定，都不会令她们高兴。如果她们亲近一个男人，马上就会考虑要保持距离，因为她们会被这种亲近压垮。如果她们与人保持距离，又感到被人抛弃和孤独，这时为了能重新与人亲近什么都愿意去做。这种关系模式会令她们与一个关系非常亲密的男友分手，并在另一个男友那儿重蹈覆辙；或者尽管一直与同一个男友交往，但对他时而亲近，时而疏远，左右摇摆，并伴有害怕、恐慌、渴望和想逃走的感觉。

自恋者的建立关系的目的是融合共生：我们一起做每一件事，总是想要一样的东西，同样强烈地相爱等。她们寻求一种共性，防止每个伴侣的个性和特性。没有人应该像自己原本的那样，而是必须像关系要求的那样，伴侣的独立性甚至经常被剥夺。他的任务是为了她而存在。伴侣一旦要求自己的独立权利，就可能受到侮辱和憎恨。这样的融合共生的情况，也可以形容为汇合、共融。这可以从拿铁的形象中得到说明：有牛奶，有咖啡，它们融合，变成拿铁。由此，咖啡和牛奶的独特性丧失，创造了一种新的东西，但每个物品的特殊性都被破坏了。应用于这种关系，意味着伴侣之间既没有界限，也不可能像一个人那样进行区分。女性自恋伴侣往往依附于这种融合共生的理想，这与她不必独立这一幻想有关。她缺乏这样一种意识，即建立良好关系的先决条件是双方的独立性。如果现在一个男人要求她这样做，就是打破了她找到一个可以无条件给予的伴侣的幻想。此时，伴侣之间的联系经常中断，因为她觉得被他的独立渴望抛弃了，而他无法处理她孩子般的幼稚感情。通过这一点，她再次确认她不值得，因为没有人和她在一起。

玛莱纳的交往史就是这一模式的典型写照：

我和第一个固定男友维持了三年。他不在的时候我感到空虚、懒散，无聊得几乎难以忍受。好像只有通过他，我才能有真正的感受，这一交往成了我生活的内容。但真正交往时，又是乱七八糟。我们在一起时总是争吵，和好后又很亲近。

我总把他激怒得想分手。这时我又会非常害怕被抛弃，于是千方百计地去挽回（通常我都会成功，当然要付出很大的代价）。关系破裂常常威胁着我，好像我总面临着深渊和黑压压的云层。当他高兴的时候，我就策划一场新的动乱，因为我觉得他高兴的时候要给他泼点冷水。最后他对我越来越疏远，因为他有了另一个女人，于是我们分手了。

下一个交往情景非常类似，我对这个男人也同样失望。我很伤心，这个男人更关心自己，他不想经常和我在一起，也很少对我说他喜欢我，对我一点都不积极，与我的期望差得很远。我觉得他与我之间保持着一定的距离是他并不十分喜欢我的标志。我为他做了许多事，希望他能觉察到我的愿望。如果让我自己说出我的需要，我完全做不到，因为我相信这是男友的责任，他应该十分了解我，自己去察觉我的一切。是的，这是我对爱情的最深层的信念：如果他非常爱我，就会发现这一切。

这使我想起母子关系。母亲总是处于支配的地位。她对孩子十分了解，能觉察到他的一切和他有什么需要，为孩子担心。如果她离开了，就会危及婴儿的生存。使我感到惊讶的是，在两次交往之间我单身的时候已经证明没有男人我也能活下去，但在第二次交往中我仍会害怕，怕男友又会离我而去。我好像不能追溯那段时间的经历。

第二次交往受到性障碍的影响。最初他没有性欲，我却性欲旺盛。我想如果我能帮助他重新成为男人，那他就不会离开我了。于是，只要对他有利的我什么都干。但当近一年后他的性欲重新被激发时，我却没有了任何乐趣。只要有人对我有要求，原有的恐慌和拘束感就会出现。

我越来越想躲避他，无法承受他的抚摸，他开始在我在场的时候对其他女人产生兴趣。我越来越觉得他不喜欢我了。我相信，自那以后我就产生了一种变态的心理，不仅仅觉得自己胖，而且也觉得难看。我用自己的外表去解释他对我的回避，特别是他老是告诉我他喜欢哪些女人。他几乎看上了我所有的女性朋友，以致我有这样的感觉：像我现在的样子已经没有机会再获得他的青睐了。

当他开始关注别的女人时，我相信我的看法和预测是对的。我没有对自己多想什么，只是对他为什么不能按我希望的方式行事感到百思不解。我的目的是“找”一个理想的男友，能像母亲那样关注我并确定我的感受，就足够了。

第二次交往结束以后，一切发生了根本的变化。我不知怎么地感到心灰意冷，觉得自己的生活不再像过去一直认为的那样正常了。于是，我去了一个女性治疗团体。结果令人满意，效果非常出人意料。“我想要什么？”它使我对自己进行了回忆和反思。我感到自己像一只吓破了胆的、在长期噩梦中长大的兔子。我有一种印象：关系就像一股汹涌的潮流，只要我用脚去稍稍碰一碰它，就会被它拖进去，我不得不与之抗争，结果却吃力不讨好，搞得一团糟。置身其中我觉得自己只能任人摆布，一点也感觉不到自我，生活很不安宁。现在我有了“对策”：察觉和表达我的愿望和需要！把我想要什么和不想要什么都说出来。我过去在交往中总有“他应该察觉”的想法，不敢表达自己的愿望。

我的任务是自主地保持亲近的关系，也就是支持自己的需要和认识自己的局限。要做到这一点对我来说很困难，因为我总有一种印象：作为对我迄今所付出的所有努力的肯定，我会从乱七八糟中回到父母的港湾，生活就变得容易了。我也不需付出太多。

我也发觉我对亲近很害怕。我虽然一直期待有人亲近我，但一旦真的有了，我又马上害怕被吞没。我害怕如果我一旦说我需要亲近，就将失去自己的防线。我最希望自己在交往中能完全起主导作用。

在玛莱纳的描述中，人们清楚地看到她是如何编织一种对交往的幻想。她活得非常艰辛，但最后仍然失败了。人们可以觉察到这种与想象中的关系有关的恐惧：害怕每一段关系都以同样的方式结束，害怕一旦陷入感觉旋涡就会被卷入。

她内心的愿望是期望父母的港湾，也就是一种她受到重视、接纳、感知的稳定的关系。在这种关系中她是重要的。她自己在孩提时代既没能与母亲也没能与父亲构建这种关系。这一缺乏一直持续到现在，使她非常不满意。所以当有一个男人关注她，“对她有要求”或向她提供交往的机会，这时她内心就会期待摆脱。她不给他和自己一种进一步亲密的机会，这也是出于安全的考虑，因为她从未经历过一种良好的关系，不知道该如何去建立和怎样才能获得它。她的不安全感和恐惧占了上风，并决定了她的行为。

缺乏良好的交往经历表现在她经常更换男友，或者虽然长期与一个男友交往，但经常产生感情波动，这很容易产生危机。在争吵中男友经常会提出这样一个问题：愿意在一起，还是分手？她选择在一起，直到下一次争吵男友又提出同一个问题，似乎她害怕这种关系经受不住冲突。最后只能出现一个“答案”：分手。

选择两难的另一个原因，是女性外表的自信和交往时强烈的依赖倾向之间的矛盾。她平时表现出独立、成熟和自主，而在交往时却恰恰相反，表现得依赖、没有主见、纠缠别人、天真。不仅当事人自己处于这种矛盾中，而且她的男友也不知道应该如何去迎合她。他认识了一个有自信的女人，想与她交往，但突然出现了另一个完全不同的女友——一个强烈迎合男人，只想着他，不愿单独去做一些事情的女人。她对男友过度迎合，以致完全放弃了对自我的认同。另一方面，她也完全丧失了自我，不再感到自己是一个有界限和需要独立的人，所有的感觉和思想都围绕着那个男人。如果他没来或晚到了，她就会恐慌，显然她已完全陷进去了。如果他疏远她，她就会纠缠他，其激烈程度不亚于对男友要求独立的态度。任何程度的疏远都会让她产生内心孤独的恐惧，担心失去男友。在这些女性的经历和行为中从一开始就不存在独立和安全。如果受到男友的批评，她就会马上觉得很伤心，退缩，对自己产生怀疑，最后认为自己一无是处。她试图通过外表的魅力来讨人喜欢，但对自己经常是不满意的。由于极大的不安全性，她产生了内心的压力，于是通过不良嗜好和争吵来发泄。

有时她们也会出现这样一种情况——空间上或者内心离开对方并摧毁一切，就像玛莱纳所描述的那样。通常这一后果就是分手。如果说这一结果令人痛苦的话，那么它同时还伴有轻松的感觉：终于又成为快乐的单身汉了，现在可以相信自己，而不必再去迎合别人了。有趣的是情侣关系中断了，但交往仍保持着。但对自恋女性来说，自主就是单独生活。如果她是一个人，她就觉得自己是独立的；如果她和别人生活在一起，她就要依赖、共生、纠缠别人。

许多女性在职业生涯中体验到独立，这有助于她们应对日常生活中的关系。这种独立性是女性自我力量和能力的象征，她们在亲密关系中失去了这些。在关系初期，女性还能享受这种亲近，还能觉察到自己和别人的界限，过了一段时间后，这种针对融合共生愿望的防御机制就不起作用了。强大和独立的面具被人类的亲近熔化或打碎了。

与被美化了的男友融合共生的愿望，表现在要求这个男人必须“一切为了她”，不接受任何分享并要完全“理解她”。她对反馈的强烈愿望表现在要求经常听到她是一个了不起的女性、他爱她和她什么事都做得很出色等话语。她寻求对她形象的肯定，需要对她“我够好吗”的提问做出回答。可以想象，在这种幻想的天堂中，每一个小小的批评或失望都会导致灾难性的后果。她在关系中带入了现实要求，需要男友必须成长和表现得更好。而女性是不会转变的，她宁可放弃这段感情，也不愿放弃她的理想。也许她将来有一天会与另一个更好的男人一起生活——每次分手时她都这样期待着。

一旦分手，与这个人的关系几乎就彻底结束了。他被证明不能满足她的愿望，因而“毫无价值”，所以她不愿再继续与他交往。尽管对男友这样加以贬低，其实她还是与他保持了很长时间的关系，并渴望这段关系“那么美好”，今后可能不会比这更好了。这是对男人和与他的关系过分理想化，她还长时间地留恋着这一并不愉快的经历，内心并没有与他彻底决裂，从悲痛中解脱出来。

如果一段时间的独处令人痛苦和充满了渴望，那女性也会试图重新与这个男人建立交往关系。她将使出“浑身的诱惑解数”，以再一次地得到他的青睐。她表现得理智、自信、卖俏，好像是一个最了不起的女人。她答应为他带来愉快，并且相信只有她才能做到这一点。她表现得非常优雅，感到自己很强大，所以能够接受一种成熟的交往方式。她对此深信不疑，根本没有考虑过自己会变得那么依赖和幼稚。如果这种引诱成功了，一场新的戏又会上演。因为用不了多久，她又会开始要求融合共生，不能忍受任何一种关系都需要保持的正常距离。

对他人缺乏一种稳定的良好的内在形象，导致自恋女性无法让一个男人成为她固定的男友。这种女性总是怀疑和害怕被遗弃。男友由于个人的原因要与她暂时分开或她必须独处一段时间时，她无法忍受。如果他不经常去找她或不表白对她的爱，她立即会对自己和自身的魅力产生怀疑。更严重的是，她还会产生嫉妒，什么事都会使她怀疑这个男人已经投向其他女人的怀抱。她把爱与无条件的、持续性的付出和赞赏联系在一起。

她认为融合共生愿望是一种儿童期的需要，所以她试图对它加以抵抗，但无济于事。它一直存在并在每一次新的关系中被激活。但这些需要是不能被公开说出口的，所以被压抑着，满足这种需要也是交往的一种动因。如果一个男人准备考虑这种融合共生的愿望，她又无法忍受。她害怕被吞噬和被毁灭。同样的情况也发生在亲密关系中。如果融合可能发生，所有被操纵和被吞噬的恐惧就会复活，这时候她会中断交往，那个她仍爱着的男友使她无法忍受。他会因此而失去魅力，被她贬低，最后被扫地出门。作为交往对象的那个男人被赶走了，这背后是她对亲密关系和亲近的极大的恐惧，以及对责任和他人可能会提出的过分要求的恐惧。她对最终能找到“合适”的男友抱有期望，有了这样的男友可以满足她渴望得到的安全感，而同时她又敞开所有的后门和准备“逃生路线”。这又是一种幻想而已，因为是她自己一方面要求融合共生，但同时又对此心怀恐惧。

所以，一些女性与已婚男性保持长期关系就不足为奇了。这里一方面重复着无法解决的情景，而三角关系却可以提供足够的保护，使她不怕被吞没。另一方面，它也是一种持续的痛苦，因为得不到足够的满足，以及必然会放弃。这种女性为了至少能得到一点儿关注而死死抓住一点机会，但如真正给她提供这种关系，她又会躲避（图3–4）。

贬低：
男友：平凡，微不足道，无足轻重
自己：毫无价值，太胖，令人讨厌，
失败者，不值得爱

理想化：
男友：最了不起的男人，只要他在
就会使她高兴
自己：儿童时代的小公主，只有
她才真正爱他；他需要她，
了不起的女人，漂亮，苗条

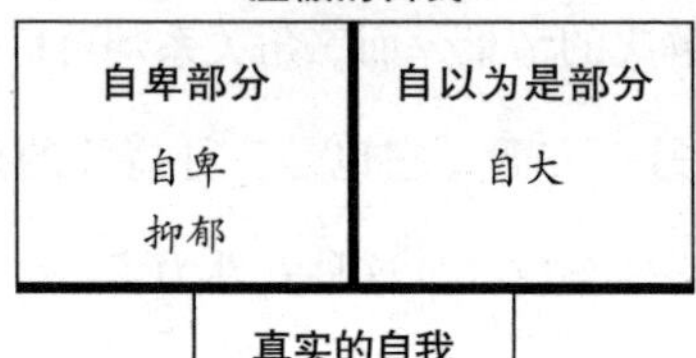

对疏远的愿望：
—要独处
—交往的控制者
—我不需要你

对融全共生的愿望：
—与理想化的人融合
—寻求相同之处（同样的思想、感觉、愿望）
—经常得到反馈的愿望

防卫：
—安全和温暖的需要
—极端的恐惧（不受欢迎）

防卫：
—害怕自主和分手
—极端的恐慌（不受欢迎）

行为：
—为权力而战
—牢骚满腹
—非难

行为：
—依赖，不独立，纠缠，幼稚
—所有思想和感觉都围绕着男友
—要求男人只为她一个人
—过分迎合，没有自己的意见，
同一性丧失
—是一个完美的女友

结果：
—孤独
—抑郁

结果：
—害怕自我丧失
—害怕被吞没
—害怕由于自卑感和没有爱的
资格而使自以为是崩溃

保持距离的做法：
仇恨，争吵，批评，愤怒，拒绝，贬低

重新亲近：
引诱，理智，自信，卖俏，机灵，苗条，强大，
一切都又恢复如初，特别的爱，更迎合

图3–4　交往的分割模型

我们不能在一起，但也不能没有对方

就像对自恋的自尊障碍一样，我对关系也提出了一种相似的分割模型。它解释了分裂的内在机制和对男友的行为（图3–4）。右边是共生部分，它的特点是：谋求与理想男友融合；寻找志同道合的男友，他必须与她有相同的愿望、思想和感觉；经常要求反馈。这是自恋模型中的自以为是。把自己和男友的理想化就是共生。如果不自恋女性认识了一个她喜欢的男人，会感觉很好，像儿童年代的小公主，所有的愿望都实现了。同样她的男友也很了不起，是世界上“最好的男人”，无所不能，自己没有任何需要。他只为奉献和为了她高兴而活着。他的消极方面被隐藏和否认。尽管事实上他完全不是这样，但情人眼里出西施。

在行为上这些女性有强烈的迎合倾向。他想要的东西她都要，她没有自己的看法，从不说“不”，一切都要符合他的意愿。她的为人处世以她认为必须选择的和那个男人认为“理想”的女友为准则，而不是根据自己所要所想所感觉。于是，她经常要求自己必须看上去无懈可击，要表现得很有独立性，尽管她渴望亲密和依恋。相反，在其他场合她尽管更喜欢保持一定的距离，但仍认为必须表现得亲密无间。

自以为是在这儿表现为对两个人的过分理想化，也在于认为可以用过分迎合去控制整个关系和男友。她们的想法是：如果我非常优秀，看上去很漂亮，行为无懈可击，不会引发任何的问题（比如由于自己的愿望），那么他就会爱我，留在我身边

事实上她们很少能展现自己。在大多数情况下，她们都戴着一个完美女友的假面具，尤其是看上去那么无私（没有需要，不提自己的要求），实际上这是一种操纵的手段。迎合是为了有所获得，为了引起男友的注意和爱。她们并没意识到自己是在要手腕，相反，她们觉得自己做出了一定的牺牲，并因迎合使自己的内心受到了限制。男人被视为操纵者，而她是舍己为人。但任何时候，她都觉得她的牺牲没有得到足够的回报。他应该更关心她，更多地回应她。然而，这个男人却逐渐地以回避来摆脱她的控制。于是，她就采取更强烈的控制手段，这样就不断地引发争吵，甚至导致分手。

如果男友不躲避，那么就会与她更亲密。但这时女性又会有一种自我丧失的感觉，她们害怕被吞没，得不到自己足够的空间。于是，如果男友不离开，女性自己就会要保持距离。这种保持距离的做法有许多个性化的表现：她们可能会策动争吵，批评男友，表现出愤怒和仇恨、拒绝和贬低，等等。通过这些做法与男友保持一定的距离，降

低了她对非常亲近的恐惧感。

我们来看交往的分割模型左边疏远的部分。刚开始的时候他是那么好，无可指责、无所不能，而现在则是平凡、微不足道、无足轻重。所有她过去否认的消极之处都暴露出来了，而且是突然爆发的。就像过去她高估了优点，现在她又以一种扭曲的方式看待他消极的一面。积极的一面消失了。

现在她与男性的关系特点是争夺权力和控制性的行为。这些女性不能忍受男友与她有不同的看法，她们试图强迫他接受她们的意见。她们常常为了一点小事而争吵不休，好像这会危及她们的生活似的。她们企图以这种权力之争来显示自己的独立性，自我标榜她们可以根本不依赖别人，而在她们的内心却完全不是这样。她们与男友在一起，但对什么是关系中良好的依赖没有正确的认识。

与男友保持距离刚开始时让她感到很轻松，但过了一段时间她就会有一种孤独的压抑感，这种孤独感又会促使她产生与某人或同一个男友接近的愿望。于是，这些女性如同我前面所简要描述过的那样，又开始亲近男人。她们试图弥补一切（如在争吵时使男友受到的伤害），为了接近男友而表现出特别的爱和迎合，又开始对男友过分理想化。对她们来说，男友又有了如同疏远前一样崇高的意义。这样，“交往游戏”重新拉开了序幕。

无论是对男友和自身形象的过分理想化还是贬低，都不能使她与这个男人产生真正的关系。它只能产生一种作用，即把交往中的危险减到最低限度。接近、爱、被承认、接纳能产生真正的自我体验，也会产生过去不良关系所留下的危险感。从为了得到爱而必须放弃自身同一性的经验中，产生了恐惧、被吞没的感觉，每一次接近都会重新激发这种恐惧，只有保持距离才能不产生这种感觉。

“我们不能在一起，但也不能没有对方”，是对这种“稳定—不稳定”关系的格言。说它是稳定的，是因为关系通常能持续几十年；说它不稳定，是因为他们缺少结合的稳固性。她们与其他人、朋友或同事都能很好地建立稳定的关系，这时她们并没有明显表露出这种分割的动因，然而关系越亲密，也就越不稳定。

目前，我正在研究我与男人的关系，以及我如何塑造他们。我很惊讶我那么快而且几乎自动地又进入到了游戏中：我调情，但我真的不想要任何东西——得到关注、喜欢和崇拜。我享受这个，但只要我注意到这个男的变得温和或开始爱上我，那我就会退后一步，开始在内心拒绝他。似乎是觉得：多么没有男子气概、软弱无力的人，可以如此快地到手。

到目前为止，我这辈子有过两次紧张的男性关系。第一次时，我是脆弱的和被保护的，他是强硬的、执拗的。而和我现在的男朋友在一起，我是强硬、执拗的，他是脆弱、被保护的。我注意到，如果我对他也很温柔和包容，他会想要依附我，而我会立刻放弃。

角色是可以互换的，模型是相同的：这段话说的不是关于她的伴侣，而是关于她自己、她的恐惧，以及她可以通过伴侣得到什么。

这种交往不稳定性的另一个变化是变更交往的类型，每一次分手后她们就把希望寄托在下一个伴侣身上。她们的座右铭是："下一个男人是完全不一样的！"与其回到同一个伴侣身边，不如和另一个她们希望"更好"的男人碰碰运气。

每一次关系或一次短暂热恋的结束都会引起失望、悲伤，有时还有绝望。这说明她失去了一个人，又一次新的尝试失败了。这些女性开始时刻怀疑自己，把自己贬为无能。对男人的贬低也会反作用于自己，因为每一次对男友的贬低同时也贬低了自身。这不仅仅涉及爱情方面，而且也涉及对自我形象的评价。她爱上的那个"新的"男人成为新的自我理想，他能挽回她自恋的痛苦，重建自尊。

频繁地更换男友常常是想尝试感觉自主和独立的同时仍获得男性的认可。这种频繁但不密切的交往，也会表现出对安全和温暖需要的防卫。这支持了我的一个观点，即对她们来说，避免亲密关系是为了防止出自真实的自我体验的需求和感受。

贡蒂过了若干年才懂得她为何要频繁地更换男友：不是为了性，而是为了亲密关系：

与一个男友分手后，我非常想知道换一个男人会怎样，希望最终能找到我一直在寻觅的东西：满足。于是我像换衬衣一样频繁地更换男人，晚上我专门外出去找寻一个男人。这种情况维持了两年。我有许多男友，但最终仍需要酒精，因为尽管我喜欢他，但他却是一个陌生人。大多数时候我感到非常好，但没有得到满足。现在我知道了我是在寻找另外的东西：亲密，身体的接触和温存。

频繁地结交新的男友就像交往本身一样会让人上瘾。恋爱时的极度兴奋令人陶醉，这是一个非常好的感觉，但她不是对男友这个人，而是对自以为是的感觉。男友在此时就像她服用的一种毒品，是用来麻醉自己的。

这些关系的悲剧不仅在于她们身上发生的戏剧性变化，还在于当事人不能认识到她的行为会对关系产生重大的影响。她们认为自己是“坏男人”的牺牲品，他们不了解她们，他们一次又一次无情地遗弃她们。然而，她们却并不认为这次关系是由于她们而失败的，反而认为自己下一次能做得更好一些。保持着这样一种态度，所以她们不可能去探讨和改变交往的模式。

她们常常长时间地体验到对他人的失望感，最后跌入深渊，对自己交往行为提出疑问。深渊就是她们觉察到尽管费尽心机，但迄今为止这种关系模型是不成功的，如果仍要忍辱负重、委曲求全的话，那只会给她们带来更大的痛苦。深渊的体验是一种个体的经验，会因人而有不同的感知。在有的女性那儿，两次失败的交往就会产生深渊，而另一位女性几年后才会有，没有什么规律可循。但是一旦有人跌入深渊，她就会感觉到自己“不能再如此继续下去了”。这足以使人发生变化。

我总选错人

每一次交往都是从对情侣的选择开始，这又常常决定了其结局。许多自恋女性喜欢特定类型的男人，她们总是对他神魂颠倒，但每一次都经历相同的悲剧，因为结局不是分手就是失望。不是所有的男人都有大男子主义倾向，但大部分人的共同点是无能、不感兴趣或害怕承诺一段忠诚的关系。贡蒂在治疗时曾这样叙述：

我这个星期几乎完全迷上了罗兰德，他的大男子主义正合我意。他是能令我神魂颠倒的男人类型：自恋，贬低别人，迷人，英俊，若即若离，自信，自负，追逐女人。每当他看到女人就给她让座，不久就向她发起进攻，就像狼进了羊群。在这种男人身边我一点也感觉不到自己，我已经不再是我。我说的每句话都受他的控制。

这令我非常吃惊。我意识到我对这种类型的人着了迷。但慢慢地我知道了这对我是多么具有灾难性，因为每一次都以我遭殃和痛苦而收场。为什么我总是被待我不好的男人所吸引，为什么我总是被冷酷无情又不想建立固定交往关系的男人所吸引？我经常寻找爱情，也常常为此而受到伤害。但如果我有一个真诚待我也确实爱我的男友，我又会觉得无聊，因为这缺乏“刺激”。

我知道自己迄今仍没有建立一种和谐、充实的爱情交往关系，它始终处于虚无缥缈之中，我对此只得忍受。但现在我已经厌倦了，我现在知道，如果涉及男人的问题，我需要他人的帮助，因为我一个人是无法胜任的，除非我能离所有的男人10米远。

自恋关系中的一个基本话题，是爱和关系是否与为伴侣做出自我牺牲有相同意义，或是否允许有界限和独立。男友是一个独立的个体，还是他只能作为增强女友的自我形象而存在？[1]

下面这段布里吉特的令人印象深刻的报告，鲜明地刻画了一个自恋者对男友的剥削形式：

我认识M那年已经31岁了，由于年龄不小了，我私下里感到自己完全是一个失败者。除了大学时代曾经与一个男人有过一年的交往外，我没有男友。我的性经验也仅仅是几次仓促的桃色事件。尽管我非常希望找到一个能厮守终身的男人，但最终却一无所获。为

[1]　我对自恋关系的评论在很大程度上要追溯到约尔格·威利，他在1983年解释“自恋的串通”概念时详细描述了自恋关系。

了掩盖嫁不出去和“根本得不到男人欢心”的羞愧，我开始以耸肩来了结无奈的孤独。邀请M一起去度周末是我对他的引诱。此时我只想表现得好一些。M是一个酒鬼、失业者，也没有接受过什么教育，是我们社会的一个被遗弃者。他外貌也不怎么样。对我来说，他是一个不需要害怕的人。在其他人面前我都会感到自己很渺小，但对他我无论如何不需要隐瞒什么。我可以在他面前显露自己的羞怯、不幸、受伤和害怕的形象，而不用担心自己没有资格自称为“女人”。身体的接近在我们的交往关系中起着重要的作用，我喜欢触摸他的皮肤和头发，经过了这么长时间的饥渴，我好像永远也做不够似的。

在我身上，大脑和身体之间好像有一条裂缝。从刚结识起我就清楚，我是在乏味的生活中把他作为填补自己空虚的人。我的社会地位远优于他，也许甚至可以引领他走上所谓的中产阶级的生活之路。与我同居后，M减少了他的酒精摄入，并试图戒酒。然而，我们之间的关系始终像《查泰莱夫人的情人》描述的那样。我根据自己的意愿去找他或离开他，在我们的同居生活中我支配着他。这时我有一种感觉：我终于不再是单身了，我甚至（在一定程度上）可以嫁出去了，因为我有一个男人了。我终于有存在的权利了，因为我身边有一个男人。可是这种幸福中潜伏着许多危机，因为这个男人在我的脑子里是不能公开的。

这段关系与M的酒精成瘾的情况可以进行类比：虽然我早就知道这种交往并不门当户对，我不太正常，但我没有阻止自己一再去他那儿。有一次当我看到M醉得不省人事、满身臭汗时，我感到很厌恶，便匆匆离他而去，三个星期没和他见面。后来，有一次我自己也喝得酩酊大醉，又去他那儿，强迫自己接受他。

那以后不久我了解到：M像我一样来自农村，曾受饥饿威胁。从良知上我不能再容忍这种滥用酒精的情形，最终我结束了这段关系。

布里吉特说出了这段关系已经呈现出令人上瘾的特征：这种交往对两人都有害，因为它是一种自恋剥削。尽管如此，这种关系仍在继续。男友也像那些成瘾物质一样能用来弥补她内心的空虚。但结果通常都不佳，因为成瘾一般总是以痛苦收场的。

正如在区别男性自恋和女性自恋时所提及的那样，一个自恋者会寻找互补的自恋者作为伴侣，在大多数场合通常女性适合这种角色。一般这些女性没有积极的自我形象，所以她要寻找一个“理想的”男友，通过他来提高自尊，就像布里吉特所做的那样。

自恋者一方面希望能为男友奉献一切，另一方面却又不需要男友也为她奉献一切作为回报。两人的这种交往从一开始就是不对等的，比如选择一个非常年轻的女人或选择一个有残疾的男友。这种差距，布里吉特在她的报告中也提到过。她找了一个社会的失败者，在他面前她对自己的不足不再那么感到低人一等。

这样一种差距也表现为选择一个抑郁的男友，而不是那种自以为是的男友。帮助他冲破压抑，对抑郁男友的保护可以增强自大者的自尊，克服她自身的幼稚情绪。就像布里吉特通过对男友的关心来维护自己的“强大”。

只要交往双方没有意识到自恋的问题，她们就会像强迫重复一样一再恢复儿童期的旧状态。所以，她们会再次选择一个不理解她且渴望反馈以及被接纳的人。这样，她能像过去一样努力去获得他的注意和承认。自恋女性在寻找男友时总想获得爱情，但最后她们总不满足。强迫重复表现在她们总是寻找一个不理解她的人，毫无希望地依附于他。这种折磨人的关系的魅力就在于这强迫她一再重复幼儿期对父母的失望。

一位以前的病人给我写了以下的信：

最大的难题仍然是我的关系框。上一次闹剧之后，我尝试了一下，和一个平易近人、到处都欢迎的男人在一起。我以为我会爱上他，这是一个完全平静、安全、长期的关系。他刚刚经历了一次分手，我经常觉得他在利用我来建立自己的自尊并摆脱他的抑郁。然后是罗伯特，他从几十个有吸引力的女人中挑出了我。像被闪电击中一样，从第一次拥抱开始我就爱上了他。他告诉我关于他自己，以及他是如何从坚强变得软弱的。他看着我，好像我是世界上唯一的女人。我马上就知道了，这是我的“瘾”，他是上天赐给我的礼物，因为我完全被他迷住了，然后我又要遭受痛苦。

但我决定接受他，即使要付出代价。他来了，我们经历了美好的、梦幻般的一周，我得到了所有我渴望已久的很多很多的爱、亲密，最重要的是接受真实的自我。我们彼此相处得很好。我注意到他的“恐怖过去”（他曾经嗜酒）更加吸引我，因为我看到了一个人可以如何改变自己。他生活中的所有这些极端—— 一方面是轻浮、冷酷、暴力、堕落，另一方面充满爱、脆弱、柔软、温柔体贴、善良，让我着迷，让我爆发出我的爱。

现在我又回到原点，忍受痛苦！我只是号啕大哭，因为我知道他不适合我。不一样的是，他能控制住自己的情绪，而我无法控制。他很轻松地看待这些，而我承受痛苦。我让自己变得依赖，让自己被连根拔起，失去依靠，我不再是我自己了。当他笑的时候我也笑，当他沮丧的时候我也很沮丧，等等。这是一场悲剧。是的，然后我听从了我内心的警告，提前一天离开，这已经是进步了。

在这个描述中特别引人注目的是双方极端的生活。他们深深地陷入这段关系中，但却如此迅速地结束了。伴侣是她的对立面，有所保留、疏远和理智。在这种情况下，强烈的亲密关系之后是疏远，甚至是关系的结束。她不能在不迷失自我的情况下与他交往，他也不能永远与她建立亲密关系。如果太亲密，自恋者就会试图推开伴侣，然而这是非常困难的。互补的自恋者非常亲密，甚至远远超越了分离的力量，妄想他们对伴侣的期待。他们一直否认关系的失败，可能是因为他们在“存在”上依赖维持自我理想的伴侣，正如夫妻治疗师约尔格·威利描述的那样。因此，她往往仍然忠于他，即使他对她不好，贬低她。

共同依赖、关系成瘾和性成瘾

共同依赖、关系成瘾（爱情成瘾）和性成瘾是这里讨论的与自恋的自我价值和关系动因密切相关的三个方面。

共同依赖的概念最初是在酗酒者家庭成员的行为背景下描述的。共同依赖是对伴侣的强烈依恋，目的是让他打破成瘾。然而，这种良好的愿望适得其反，反而加重了男友的病症。问题就在于共同依赖的人将拯救她的伴侣作为生活的目的，她更关心他，而不是她自己。

但是，共同依赖的类型不仅仅局限在与一个嗜酒的男友交往，任何成瘾或残疾的情况都适用。共同依赖者寻找需要帮助的人，并支持他们。她们或许可能永远都无法照顾自己，反而为对方负责。

她们觉得自己必不可少，由此觉得自己很重要。这种重要性在其他场合或以其他方式是无法体验到的。如果男友是健康或者独立的，她们反而陷入困境，因为此时帮助他的冲动落空，她们又退回过去那种空虚的状态。她忍受着男友对酒精的依赖和身体残疾，丝毫没有觉察自己是多么依赖他。她们根本没有认识到每个人应对自己的生活负责，她们自然也应为自己的生活负责。当然，这同样适用于那些男性，他们一般有一个上瘾的或其他方面需要帮助的伴侣。

通过帮助行为和自我牺牲，她们对别人施加控制。共同依赖者认为任何东西都必须在她的控制之下，包括情形、事件、其他人和他们的反应，甚至还有他们的感知和情感。给他人带来幸福，让别人的一切井井有条，也是她们的职责。她们为别人而存在，表面上她们没有一点私心。作为帮助他人的“副产品”，她也得到了一点温暖和亲近。这样的好处是她们不需要乞求别人就能获得。

在治疗中有一个很好的共同依赖的例子，她以关心别人来转移自己的情感：

一个女病人离开了她的治疗团体。她很伤心，因为在一次讨论中触及令她痛苦的话题。她很需要人的安慰，也很想依靠别人。她爱哭，也想感受亲近和温暖。但她不想向别人乞求帮助和安慰，所以只能独自承担自己的痛苦。有一次她看到一个病友坐在候诊室里哭，她马上走上前去，拉着病友的手问发生了什么事。她饶有兴趣地听着病友的哭诉，然后安慰病友，给病友提建议，就像这是自己的事一样，但她却根本没有感受到自己真正的情感。通过这种援助行为，她感到自己是一个强者，有力量，她拉着病友的手时也间接地感受到了温暖。但她自己也需要的安慰和支持仍没有得到满足。

拉着别人的手并安慰她，和别人拉自己的手安慰自己从体验上是完全不同的两码事。在别人安慰自己时自己是一个接受者，需要帮助，暂时就放弃了对他人的职责。而在安慰别人的时候，自己是主动方、负责者。也就是说，那个女病人放弃了真实的自我体验（希望得到支持和安慰），而选择虚假的自我体验（是一个强者，能帮助别人，总是负责的）。

帮助别人是无私的、高尚的，但它也可能是一种极端的病态形式：共同依赖是一种能导致身心疾病、抑郁和失控状态的成瘾形式。

有自尊缺陷的女性会有这样的共同依赖结构："我喜欢帮助别人，这样显得我是一个强者，于是我不承认自己也需要帮助。"在自大者身上也有同样的想法和行为。

进入依赖关系是一小步：如果一个女性依靠伴侣来找到她的生活或通过他加强她的自尊，那么她就依赖于和他的关系。至于她找到的是一个软弱的、需要帮助的、她可以拯救的人，还是一个非常自大的、与他交往会使自己得到提升的人，这并不重要。不管与哪种人交往，都会使她感到自己有价值。因此，女权主义者和心理治疗师安妮·威尔逊·舍夫在她的著作《逃离亲密》中提出，不要用长期一直使用的共同依赖的说法，而用"关系成瘾"似乎更好一些。

因为许多共同依赖者实际上就是关系成瘾。关系成瘾可以区分为两种依赖的类型：一种是一个人需要一直处于一段关系中；另一种是对某种关系特别依赖。第一种情况并不表现出对某种关系的特别嗜好。那些有依赖关系的男人认为没有女人就活不下去，而女人则相信没有男人她们就没有身份和价值。中立态度的相遇已经不可能了。

对关系成瘾者来说，爱情总是痛苦的同义词。迄今她们尚未或很少体验到满意的关系，因为她们自己还有许多没有解决的问题。她们常常想让男友来解决这些问题，期望从男友那儿得到没有能从父母那儿得到的爱。他应该能增强她的自尊，给她带来幸福。他应该做这，他应该做那。她自己则不把他视作一个旗鼓相当的平等的男友，而是试图用他来提升自己的形象，同时不放松对他的控制。尽管沉醉于他的爱之中，但却没有真正的亲近。她们付出是为了得到，而不是建立一种深层的联系。她们在关系中的所作所为和体验，与我对自恋者关系模型的描述极其相似。我想自恋关系模型可以很好地描述对爱情和关系依赖。

玛莱纳是这样描述她的关系成瘾的：

目前我正在研究自己身上的成瘾情况，即关系成瘾。有一个男人很吸引我，尽管我知道他对我不怀好意。这是一种老式的游戏：我按能得到他认可的、好的方式行事，这种远离我本性的生活太辛苦了，我没有能力质疑他。也许是无意识中害怕除了他之外没有别人会爱上我，所以我必须紧紧地抓住他。而恰恰是这种紧抓着他不放，阻碍了我与其他人的接触。对这一切我都明白，但不可思议地每一次都重复同样的行为。

犹如一个女性对关系或对一个男人可能会成瘾，她也会对性欲成瘾。

威尔逊·舍夫认为这是一种痴迷，一种对性的过度热衷，把什么事和什么人都与性联系在一起，用性欲的目光去对待所有的知觉和关系。性成瘾者得不到满意的、良好的关系，而只能是破坏性的、病态的关系。性成瘾者把男友看作是强制的性需要的对象。本书中描述的一些女性有某种性成瘾的情况：关系的性欲化。她喜欢的那个男人同时也被视作可能的性伙伴；强制性的热恋；主要以性爱、调情的方式与男人建立关系；爱、好感和奉献，所有的一切都通过性来体验，亲密的需要也试图以性来满足，但同时它们又被回避。两人之间的接触主要通过性行为进行，进而性成为引起对方注意的工具，然而往往缺乏性满足。

贝阿特是我们过去的一个病人，她由于心情抑郁、心身障碍和伴侣问题来我们诊所。她这样描述道：

通过对性欲问题的探讨，我明白了我在与最后一个男友的交往中为什么常常发生误会。在试图得到亲近和温暖时，我总是满足于

“性生活”——由于担心什么也得不到。我感到“有性生活总比一无所得强”。这样做，我贬低了自己。

贝阿特所描述的情形在许多女性身上都以自尊和人际关系障碍的形式出现：由于她们不允许自己与他人真正亲近，羞于表达自己的情感，于是就以性的结合和身体的亲密行为来代替情感的亲近，以免公开表达自己的内心情感。似乎二人一旦有了性的结合，感情上的愿望和需要就必须被放弃。她们害怕如果让对方知道了自己深层的愿望和需要，看穿了她们的“真相”，她们便一无所有。好像这比性生活还要隐秘。性行为提供了一个既感觉不到情感上的威胁，又能与男友保持亲密关系的机会。性的结合会阻碍真正的亲密关系，这似乎有点荒谬。

许多女性与男士的爱情关系都是这种“星期日关系”的形式。由于见面机会少，所以没有什么问题发生。她们经常找一些害怕做承诺又想得到女性认可的男人，如果男友被征服，关系也就结束了，因为亢奋状态平息了。从现实的角度来看，男友是独一无二的观点肯定会变化。随之而来的是对他的贬低和疏远。

这种行为本身还不能说是成瘾。只有在当事人被迫进行性冒险，“需要”这样做，不这样做就不能生存时；当她与一个有魅力的男人接触，尽管意识到他们是在相互性利用但不能拒绝时；当她被迫与一个男人睡觉，以证明她是一个有吸引力的、值得追求的女人时；当性已成为她最重要的需要，她需要这种“刺激”、兴奋时；当性行为能摆脱孤独感时；当她尽管想改邪归正，但仍不断地重蹈覆辙时；当她不能再控制自己的行为，也就是以自己的力量已无法阻止这些行为时……我们才可以说这是性成瘾。

成瘾特征表现为尽管知道一种行为可能会造成伤害（患病、情感伤害等），但仍会强迫性地重复。今天追求性满足，明天为此而内疚。热恋过后是清醒、分手和痛苦。除了索然无味的感觉、失望和心灵创伤之外，这一关系什么也没有留下。随之而来的还有自我贬低，因为这次关系又失败了。

舍夫最新提出的第四种关系成瘾形式，是所谓的浪漫成瘾。有浪漫成瘾的人更多的是生活在对关系和人的幻想之中，她们对现实中的男人根本没有一点兴趣。对她来说，“童话王子”的形象不是一种梦幻，而是一种现实。她们坚信有这种人，而且总有一天会出现在她们面前。“白马王子向我走来”是我许多女病人“真实的梦想”。睡美人的童话也是浪漫成瘾者的一个形象：王子艰难地穿过荆棘和灌木丛，甚至冒着生命的危险去让公主复活。许多女性相信她们的生活将从一个理想的男人开始，她们对爱情和幸福关系的想法被浪漫地美化了，她们把爱情影片中的情节与现实生活类比。她们强烈地期望与梦寐以求的男人而不是现实中的男人交往，因为现实中的男人不像梦幻中的男人那样迷人。如果她们真正认识了男人，这些幻想就破灭了。我认为，如果考虑到女性自恋者对男友过分理想化的态度，她们在很大程度上也是浪漫成瘾者。她们所描绘的那种男人的神奇特征在现实中是不存在的。

这第四种成瘾形式也许很难被明确界定，在许多方面与其他成瘾形式有重叠。它表明人际关系障碍可能具有成瘾的特征，也就是说这种行为具有不可控制性，它会毁了自己的生活。

WEIBLICHER NARZISSMUS

第四部分　治疗、自助和自我疗愈

7个变化步骤

当谈到自我疗愈时，我并不是说患者要完全克服自恋的部分，因为这几乎是不可能的。对我来说，这更多的是与自己和解，接受自我拒绝的部分，整合迄今为止被分裂的部分来实现人的完整性。这使获得真正的自我成为可能，并减少了破坏性的自恋行为和体验方式。

作为女性自恋结构治疗过程的主要步骤，我选择了本书开头部分提到的童话《白雪公主》，因为它深刻地描绘了构筑新的自我意识之路。可以说，这个童话故事是克服自恋所涉及的主要问题的典范。

由于童话故事《白雪公主》主要强调女性自恋中自大的方面，我又从《灰姑娘》中挑选了画面来说明如何克服自卑。

正如我在这里描述的，童话《白雪公主》的主观解释是由两种对应构成的：第一种应对，人物和情境意味着我们的一部分。因此，两位皇后代表了虚假自我的两个方面，而白雪公主则代表了真实的自我体验。

第二种对应与实际参与的人有关。在童话开始，白雪公主作为孩子，后来成为成年女性，虚假自我由母亲代表。即使孩子不仅与母亲有亲密关系，而且与其他人也有亲密关系，但我也想强调母子关系，因为它在发展中起着至关重要的作用。母子间的相互作用揭示了许多问题，这些问题在自恋结构的形成中有很大影响。我会单独探讨孩子与父亲的关系。

童话的问题是：真实自我如何战胜虚假自我？白雪公主如何把自己与皇后区分，以便能够独立自主和自我决定，而不是仅仅适应母亲的要求？今天的成年女性需要如何摆脱压抑的“需要”和“禁止”，并找到自己的感受和需求？为了达到真实的自我体验和摆脱虚假的自我的阻碍作用，必须采取哪些相应的措施？

《白雪公主》是一个讲述转化和改变的童话。7个成熟的措施让人产生了一种新的意识。当然，每种疗法并不像下面列出的那么系统化，而是一种单独的方式。然而，以下主题涉及自恋问题的本质，因此与治疗有关：

1. **向虚假自我投降**：理想形象，更确切地说是虚假自我与真实自我之间的内在斗争，有时是生死之战。虚假的自我体验控制着真实自我，压制它，迫使它沉默。在最苦难的时刻，即白雪公主要被杀时，她放弃了战斗，进入了未知的境地。

2. **对抗恐惧和不确定性**：通往真实自我的道路穿过森林，成为无意识的象征。在森林中，我们遇到了“野生动物”，即我们未知的、令人害怕的一面。然而只要我们有意识地感知并深入研究它们，就不足为惧。

3. 疗愈的地点和内在与外在的帮手：疗愈发生在自恋结构的人可以获得信心并与其他人相处的地方。无论疗愈发生在哪里，变化都在于建立关系。内在和外在的帮手帮助我们，给我们安慰，并重建我们的情绪平衡。

4. 诱惑：尽管对真实自我的接触逐渐增加，但我们总是一再屈服于自大的诱惑。重回自大的思维和行为可以产生灾难性的后果，使我们失去内心的平衡。

5. 新的活力：与真实自我的终生分离会导致内心的空虚和呆板。通过承担自我疗愈的责任，并从“灵魂毒液”中解脱出来，我们回会恢复生机并感受到自己的活力。

6. 有能力建立关系：与其进入剥削性关系，用其他人来提升自我，不如与对方建立关系，在互惠中体验亲密和爱。

7. 自大已死：治疗的目标是整合虚假自我和真实自我，并建立稳定的自我体验。要做到这一点，自大必须要得到新的形式和意义。

基于这7个成熟步骤，我想阐明治疗过程。为此，我将解释童话故事的对应部分。

不久她有了一个小女儿，她的皮肤像雪一样白，嘴唇像火一般鲜红，头发像乌檀木那样的黑，所以人们把她称作白雪公主。而王后在生下女儿后就去世了。

随着孩子逐渐适应父母绘制的形象，自恋个性发展的戏剧开始了，正如我在第一部分中的“孩子要符合一种特殊的形象”中所详细描述的。

这种动因的背景通常是母亲的困境，她在理想的女儿身上看到了自己问题的解决方案——无论是抑郁、上瘾、自恋缺陷还是婚姻问题。

白雪公主就像按照母亲对她的期望而生，或者至少她已经变得适应这种形象。随着母亲的去世，她失去了母亲的照顾，不再有保护和恰当的反馈。我们也可以象征性地理解这种失去母亲的情节——尽管母亲在肉体上是存在的，但情感上是不存在的。如果母亲不是按照孩子本身的样子，而是根据自己的期望去感知，那么孩子就会感到被遗弃，感觉自己没有母亲。因为人有被看到的需求，以此来发展生存基础和生存权利。哲学家马丁·布伯用他自己的语言这样表达：“人们……偷偷地、羞涩地期待着对于存在的认可。”

如果没有这个认可，为了起码可以被接受，我们就会自我伪装和迎合他人。

向虚假自我投降

一年后，国王又娶了一个妻子。她是一个美艳的女人，但是生性骄傲，又看不起别人，要是谁的美貌超过了她，她就会受不了。她有一面神奇的镜子，每当她走近镜子照脸时，就说：

“魔镜，魔镜，谁是世界上最美丽的女人？”

魔镜回答她：“王后，全国要数你最最美丽。”

她听了后很得意，因为她知道，魔镜总是说真话的。

可是白雪公主慢慢长大了，而且越来越美丽。她7岁时已长得光彩夺目，楚楚动人，甚至比王后更美。有一次王后又向魔镜问道：

“魔镜，魔镜，谁是世界上最美丽的女人？”

只听魔镜回答：“王后啊，你在这里确实最美，但是白雪公主比你美千倍。”

王后听了大吃一惊，她因为妒忌，脸色气得铁青。从此以后，每当看到白雪公主，心里总是翻来覆去，很不自在，对那女孩子恨之入骨。妒忌和傲慢像野草那样在心里越长越高，因而她日日夜夜不得安宁。

有一天，她叫来一名猎人，对他说："把那个女孩子带到森林里去，我不想再见到她。你一定要杀死她，把她的肺和肝带来做证据。"猎人听从王后的话，把白雪公主带去野外。当他抽出长长的猎刀要去刺白雪公主天真无邪的心窝时，白雪公主哭了起来，说："唉，亲爱的猎人，别杀我吧；我会跑到荒野的森林里去，以后永远不再回家。"猎人见她长得这么美，不禁同情起她来，于是说："逃吧，可怜的孩子。""野兽会马上把你吃掉的"，他想。他觉得心上的一块石头仿佛已落了地，因为他用不着杀死她了。恰好这时有一头小野猪蹦蹦跳跳地过来，他便一刀戳死了它，把它的肺和肝挖出来后，带给了王后做证物。王后命令厨师把它们放盐煮了。这个狠心的女人就这样吃了起来，还以为吃下肚的是白雪公主的肺和肝。

在这个童话中，我们遇到了一场发生在一个具有女性自恋障碍的女性内心的斗争。由于白雪公主的生母——第一个王后的去世，"母亲"发生了从自卑向自大的转变：孩子从被照顾的安全区陷入了一个与母亲竞争的境地，要竞争谁更美丽、更好、更可爱的问题。这种突然的转换象征着女性内心垂直分裂的心理机制。这意味着人们在几秒钟内，从一种体验切换到另一种体验。他们要么感觉自卑，要么感觉自大。根据环境的反应，发生根本性和突然的变化。如果女性认为自己很不错，但有人说："你看起来状态很好，你是不是胖了？"这时她的自大就分崩离析了，她只听到了"胖了"。她开始自我贬低，感到肥胖、丑陋和苦闷，这是自卑的特点。相反，如果她受到赞扬或特别关注，那么她就会自我抬高，妄自尊大。

第二任王后（继母）是一个生性傲慢又看不起别人，好妒忌又爱虚荣的女人。她全力追求的目标就是成为最漂亮和最了不起的人。"魔镜，魔镜，谁是世界上最美丽的女人？"这是希望得到自恋反馈的表现。她要成为最美丽、最了不起、最好、最完美、最出色的人，她完全是一副自以为是的模样。这与只有在自己与众不同时才会被爱，只有自己完美时才有权存在的想法相关联。当然，这是无法实现的，因为总有人和她同样美丽甚至比她更美丽。因此，这个要求已经满足不了她了。此外，她相信人们喜欢她的只是外貌，也就是虚假自我表现出来的东西。自我价值很弱的女性都认为她们的外表和完美性可以决定她们是得到爱还是被人拒绝。

戏剧以镜子的陈述开始，镜子从不说谎："王后啊，你在这里确实最美，但是白雪公主比你美千倍。"这时就产生了虚假自我和真实自我之间的可怕"争斗"。每当说到白雪公主的美丽，人们很容易有这样的想法：这仅仅指外表而已。也许这个小姑娘的漂亮给人造成这种假象——好像美丽是一个女人最重要的特征（许多童话中都涉及美丽的话题），这个被误解的信息会滋生出虚假自我。尽管童话讲述的是正义与邪恶，但孩子经常从字面上理解，即使他们靠直觉理解故事的潜在含义。但如果把白雪公主理解为代表真实的自我体验，美丽就代表着内心的美，它部分独立于外表。真正的美表现为坦诚、能爱人、安全感、自我了解等方面。每一个女性都知道她必须美丽才能过得好，才能对自己满意或被人爱。如果她与自己和谐相处，就会产生积极的表现，这是美丽的秘密，它会对虚假的自我意识产生威胁。但现在，真实自我不得不被隐藏，不能显示在生活中，因为它没有达到环境的期望。它的存在是一种风险。

根据童话故事研究者卢茨·吕里希的说法，美通常意味着爱情。白雪公主很漂亮，因为她爱自己本身的样子。自恋者的基本主题是缺乏自爱，并通过外在美进行补偿。

一个非常漂亮、身材比例很好、苗条的年轻病人不得不停止治疗，因为她不能舍弃她的暴食症："如果我增加体重，这将是一场灾难，因为我只有这个身体。"当时，除了她的身体，她找不到任何她觉得美丽、喜欢或有价值的东西。无论是性格还是能力都无法以任何方式取代苗条的理想身材的意义。她实际缺少的，是对自己的爱。

第二个王后（自大）和白雪公主（真实的自我体验）之间的内部对话是："如果你像我期待的那样，我就爱你；如果你像现在这样自主，有一种内在的美，那我就杀了你。"因为这个爱虚荣的王后不能忍受自己不是最好的。她被内心深处的自恋病症所折磨：“妒忌和傲慢像野草那样在心里越长越高。”她妒忌白雪公主的美丽，于是命令猎人去杀死她。她那可怕的愤怒反映了她的失望，表现为杀人的愿望。我们在日常生活中也会遇到这样的女性，她们嫉妒他人拥有的美丽的外表、成就、爱和关注。她们担心被“冷落”，以至于与他人抗争并拒绝甚至伤害他人。对她们来说，最不能接受的是自己不能成为最好的，而是别人也拥有与自己一样的长处。

童话的第一部分同时也反映了后来有自恋障碍女性的童年期时的情形：女孩应该像她母亲期待的那样，不能有自己的想法。白雪公主的自主之路是从致命的孤独压抑开始的，她被排斥，被猎人追杀。她要么死亡，要么进入未知世界。尽管情况看似无望，但她仍选择活着，并承担所有的危险（黑洞洞的森林，野兽）。“唉，亲爱的猎人，别杀我吧；我会跑到荒野的森林里去，以后永远不再回家。”

这个时刻于童话故事的进展和治疗都是至关重要的，因为在这里选择走上一条新的、陌生的、令人害怕之路，才能摆脱自恋带来的自大、成瘾、抑郁和其他问题。只有这时才可能发生改变。

这时也被称为“低潮”。“低潮”概念最初出自“酗酒者匿名计划”（旨在帮助酗酒者戒酒并进入新生活）。人们用此来表示一个成瘾者在生命中的某一时刻，不想再如此下去了，他走到了尽头，要么死亡，要么摆脱成瘾物质走上新生之路。低潮体验不仅仅限于成瘾，它也发生在任何陷入困境而必须改变的人的危急情形中。他们意识到再也不能如此生活下去了，否则会损害生命或心理健康。正如汉斯-柯特·弗莱明在他的诗《德布兰德赫德》中对此表述道："要保持原状有千条万条理由，而要改变只有一个原因——你无法忍受了。"[1]

自恋女性也在不断地吞噬她们的活力和健康，越来越多地丧失与感觉和心灵深处的联系。她们不断地试图用错误的方式弥补自己的缺陷，而不是把它视作改过自新的信号。如果她们痛苦的程度超过了对改变的害怕，她们就会发生转变。我们都知道，只有在痛苦实在无法忍受时，我们才会做出反应并放弃旧的习惯。而在这之前，我们总是试图在老路上寻找新的解决办法，然而如果这种做法不成功，我们只能被迫放弃。

放弃意味着屈服于这样一个事实，即让我们越来越深地陷入困境并长期摧毁我们的旧机制无法继续下去了。在这种情况下，投降也意味着：我不想再这样生活了，我想从生活中得到更多的东西，我想感受到更多的幸福而不是痛苦。在放弃时，我们放弃了仍然可以用旧方法控制一切的想法。在投降的那一刻，除了相信新事物能够成功之外，我们别无他法。我们不知道如何去做，什么时候去做，会不会成功找到这些问题的答案是投降后的第二步。

---

[1] 汉斯-柯特·弗莱明在他的网站 gedanken.de 上发表了这首诗，以及许多其他诗歌。

布里吉特对自己放弃自恋的自大，这样写道：

这就像堤坝被冲破了：我不能再保护自己免遭苦痛，我产生了羞愧、自卑感和可耻的想法。这一切都给我内心带来痛苦，我哭个不停。生活似乎是那么空虚，我自己显得那么虚伪，我的职业假面具是如此逼真。内心的紧张任何时候都会增强，我爬上窗台，打开窗户，想跳下去。“我不想活了！我不想活了！”我站在屋檐下那高高的窗台上，望着严冬那黑沉沉的景色大声地叫着喊着。然而，我内心还有一种声音在说，我实际上只是要扼杀迄今生活的一部分。我没有从窗口往下跳，而是跑到一个女友那儿。在她那儿我痛哭流涕，并对她说：“我完全不是你所想象的那种人，有两个布里吉特。”然后，我向她描绘了另一个躲在假面具后面与看上去具有自我安全和自信的布里吉特完全不同的形象。我非常疲惫，筋疲力尽，毫无抵抗力，只感觉到我所谓的自我安全感在慢慢地融化，剩下的就是那个一身创伤、疲惫不堪、软弱无力的布里吉特，只是眼下还感觉很好。

我一生中的转折就在这时开始了。我非常清晰地回忆起当时的感受，筋疲力尽而又非常震撼，就像一座大楼在爆破倾倒后变成瓦砾和灰烬，或者一声响雷后很长一段时间的尘土飞扬，大地下陷，耳中从霹雳声到恢复平静。这种震撼充满我的全身。

我有一个感觉，只有获得朋友的信任我才能活下去：“现在只有你知道我是谁。我究竟怎么了，我应该如何做。”这时我决定接受治疗，实际上这已是我走向新生的第二步了。放弃后，产生了“另一个”布里吉特，在我面前展现的是未来的美好前景：我有机会在某一个允许“另一个”布里吉特生活下去的地方接受治疗。我的朋友拉着我的手说：“一切会好起来的。”我觉得人们能接纳我现在的情形，我听进了这些话，并对此深信不疑。

如果你和布里吉特的情况相似，你也可能被绝望和自杀的想法折磨。你只看到你的苦恼，感受到以前人生中的沮丧和绝望。最后，你感到毫无希望、被遗弃、动摇，想结束你的痛苦。你以前有过这样的想法吗？甚至具体考虑过怎么自杀？但你最终停止了这种想法并意识到这解决不了问题。你正在结束最珍贵的东西，即你的生命。你不应该用它来摆脱你的折磨，至少给自己机会，现在寻找一个解决办法。

并不总是只有把老的大楼炸掉，才能建造起新的。改变也意味着放弃旧的，激活一个人的内心力量和能力，这些力量一直都是存在的，只是目前没有被使用而已。找到一个避难所，并鼓起勇气寻求帮助和支持。你一定也能成功！

布里吉特的例子是放弃虚假的自我体验。这种虚假的自我体验以假面具的形式与真实的自我体验产生联系。首先，外墙必须倒塌，或者整栋建筑必须倒塌才能看到真实的自我。这里有一个“死亡和发展”的原则：我只有放弃一些东西，才能获得新的东西。这种放弃经常发生在内心困惑和绝望的时刻，这时有信赖的人在身边是件好事，他们会理解我面临的问题和真诚地对待你。对自恋者来说，这个寻求他人帮助的步骤恰恰是放弃她们能创造一切的沾沾自喜和不需要别人帮助的自傲。这并不是一个越来越激烈地对抗内心弱点的过程，而是允许它、接受它、欣赏自己。

这种改变可以通过治疗、通过自助团体、通过能一起探讨日常生活的朋友和共同生活的家人来实现。条条道路通罗马，不能说只有一种方法是正确的。我赞同欧文和米里亚姆·波尔斯特的观点，即治疗不只对有病的人才有意义。治疗是找到自己、找到自己的长处、发现被自己被埋没的一面，是自尊自爱的一种方式。

对抗恐惧和不确定性

自我疗愈的过程往往伴随着许多对未知和威胁的恐惧，因为我们进入了一个新的未知的领域。这通常和遭到遗弃的抑郁有关，感觉自己孤零零，得不到任何帮助。

我们在童话中象征性地发现了这一点：

> 这时可怜的孩子孤零零地待在大森林里，心里非常害怕。她眼巴巴地望着树上一片片叶子，不知该怎么办。不一会儿她奔跑起来。越过一块块尖棱棱的石头，穿过一丛丛荆棘，一些野兽从她身边跳过，但它们并没有伤害她。
>
> 她跑了又跑，只要两只脚还能向前走。夜色快要笼罩下来的时候，她看到前面有一座小屋，就进去休息。

在我们开始治疗之前，同样的恐惧也随之而来：我会在自己身上遇到哪些“怪物”？我能承受得住吗？到目前为止我可以控制一切，那之后呢？一旦我开始，我能停止哭泣吗？如果我改变了，别人还能认出我、接受我吗？如果我表现出愤怒，他们会拒绝我吗？如果我开始按照自己的意愿行事，我的伴侣会有什么反应？

走自己的路是否是正确的，对此我们有很多怀疑，因为本质上我们害怕自己。在这种两难境地中，我的教学治疗师西尔维斯特·沃尔奇的一句话似乎很有帮助，他说我们的感觉不能杀死我们，而我们对它做了什么才尤为重要。这指的是所有让我们感知不到自己的感受，也注意不到我们需要什么的机制。这会让人成瘾或抑郁，具体表现为自以为是地追求越来越多，必须越来越好或患上某些心身疾病。我们会因为这种激烈的感觉自我惊吓或者自我伤害，或者感觉像经历了地震一样，但它们不会杀死我们。就像在童话故事里，动物跳来跳去，但不会攻击我们。如果有人陪伴我们，那么进入森林就不那么可怕了。

疗愈的地点及内外帮手

小屋里，什么东西都小，但精致整洁得没法形容。屋子里有一张铺着白布的小桌子，上面放着7只小盆子，每只小盆子边还有小调羹。另外还有7把小刀、7把小叉和7只小酒杯。墙边有7张排成一列的小床，上面铺着雪白的床单。白雪公主又饥又渴，于是在每只小盆子里吃了一些蔬菜和面包，再在每一只小杯子里喝一滴酒，因为她不想从一只盆子里把什么都吃光喝完。后来她非常疲倦，就躺在一张小床上。可是没有一张床合她的身，有的太长，有的太短，最后她试了第7张床：大小正好。她躺在上面，向上帝祷告了一会儿后就睡觉了。天色完全黑了下来时，小屋的主人回家了。他们是7个矮人，经常在山里开矿。他们点起7盏小灯，小屋一亮，他们就看出已有人来过，因为屋子里的一切东西已不像离开时那样井井有条了。第1个矮人问："谁坐过我的小椅子呀？"第2个矮人问："谁吃过我小盆子里的东西？"第3个矮人问："谁咬过我的小面包？"第4个矮人问："谁吃过我的蔬菜？"第5个矮人问："谁用过我的小叉子？"第6个矮人问："谁动过我的小刀子？"第7个矮人问："谁在我的小杯子里喝过酒？”第1个矮人向四周看了看，发现自己的床上有一个小窝，便说：“谁到我的床上来过？”另外几个矮人也跑了过来，嚷道：“我的小床上也有人睡过呢！”第7个矮人往自己的床上一看，发现了白雪公主，她正躺在那儿呼呼大睡。于是他招呼别的矮人，他们急急忙忙跑了过来，惊异得大喊大叫。他们擎起了七盏小灯，照着白雪公主的脸。“哎，老天爷！哎，老天爷！”他们大声嚷嚷，“这个娃娃多漂亮啊！”他们非常快乐，不去叫醒她，让她在小床上继续睡觉。第7个矮人只好在他的同伴那儿挨次各睡上一小时。夜晚就这样过去了。

一清早，白雪公主醒来了，一眼看到7个小矮人，不禁吓了一跳。可是他们对她十分亲切，齐声问道：“你叫什么名字？”“我叫白雪。”她回答。“你怎么上我们屋子里来？”矮人们又问。于是白雪公主告诉他们，她的继母本来想叫人杀死她，可是猎人放了她一条命，后来她整天奔跑，终于找到了这座小屋。7个矮人听了说：“要是你愿意把咱们这个家里的事照管好，烧饭、铺床、洗衣服、缝衣服还有织补，而且把一切安排得有条有理、干干净净，那么你就能跟咱们住在一块儿，你什么也不会缺少的。”

“好，”白雪公主说，“我打心眼儿里感到高兴。”于是她就和他们住在一起了。她把整座屋子收拾得井井有条。一早，7个矮人上山去找矿石和金子，晚上回来时，吃的东西都已准备好了。白天，家里只有小姑娘一个人，好心的矮人们就提醒她：

“要提防你那继母，她很快就会知道你在这儿，别让任何人进来。”

白雪公主童话中的7座山象征着把真实的和虚假的自我体验的水平分割。7个小矮人是人类心灵的“淘金者”，每当我们进行真正的自我体验时，那种积极的无意识的力量就会在我们身上积累。它能完善人的整体性和人类本质中所具有的努力，这从数字7中也可以看出。为了发掘自身的资源和财富，必须把原有虚假的自我体验清除出去。内在帮手负责自我保护，帮助和关注我们受伤的内在小孩。自我支持是积极精神状态的重要组成部分，因为它抵抗了破坏性的自我指责和对融合共生的欲望。在内在帮手的帮助下，我们可以给自己和内在小孩提供他们需要的东西，例如鼓励、温暖、关注和建议。这些力量可以帮助我们独立于他人并好好照顾自己。

同样在童话故事中，我们也找到了内在帮手的积极力量。与第二个王后不同，矮人们真的非常喜欢白雪公主的美丽，他们接纳了真实的她。他们关心她，甚至为她做出牺牲（第7个矮人让她睡在他的床上，自己挤到别人的床上）。

7个小矮人的小屋子是一幅真实的自我体验意识中的生活情景，其规律与虚假的自我体验完全不同。这儿的一切都是那么小巧、整洁和有条理，这与那些不懂得界限和不尊重他人的严重自恋患者有天壤之别。自恋的慷慨大方会让自恋者把任何东西给所有的人，但也要求人人为自己。“谁吃过我小盆子里的东西”的问题，象征着自我认同的意识和真实的自我体验。这样，白雪公主就有了一种“我”和“你”的意识。属于别人的东西不能简单地由她来认领。她通过从每个人那里拿走一点东西来作弊，但这也很明显。最终，她从小矮人那里得到了一切，但仅仅是因为她说了秘密。

另一方面，自恋女性往往体验到她们对需求的满足就好像是从别人身上拿走一些东西一样。只有作为帮手和共同伙伴的角色，她们才认为自己有权拥有愿望并实现自己的愿望。

白雪公主就是在走投无路、需要照料和保护时学会了给予和获取的规则，当然她也要给予回报：操持家务，做饭，打扫房间，洗衣服，缝缝补补，等等。对于每一个解放的女性来说，这是一个恐怖的想法，因为我们已经超越了作为家庭妇女的这种服务功能。这对我来说，并不是退回到20世纪50年代，而是一个对正常的日常活动的举例，承担一般的日常工作对自恋者来说是其自大的终结，但同时也唤醒了她对正常状态的渴望。白雪公主为了得到爱并不需要表现出自己有多么了不起，但要承担职责和义务。她允诺过简单平静的生活，而没周末恋爱的兴奋。

此外，白雪公主还学会了识别自己真正的大小。当她把7个小床都睡了一下后，找到了一个适合她的，既不大（盲目自大），但也不小（自卑）。当她发现了正确的床并“向上帝作了祷告”就睡着了。这里有一个精神体验的标志，即倾诉的能力，只有在真实的自我体验范围内才能做到。放弃自恋者的自大后，人就会收获内心的平静、平衡、简单、谦虚和信任的正常状态。

小矮人的房子是一个安全的地方，在那里白雪公主可以学会寻找自我、参与、信任和支持。她进入一个疗愈的关系，她遇到了自己。我们经常在治疗过程中或一群志同道合的人中找到这样一个地方。

内心感觉安全的地方特别适合用于创伤治疗。这个地方的优点是，在这里我们总是能保持真我。请想象一个地方，那里的温度以及你所看到的、听到的和嗅到的，它们构成了一种全面的幸福感，你有足够的空间进行相应的移动；你在这里完全安全，什么烦心事都不会发生，什么都和你无关；这里也有边界，任何人没有你的允许不能进入这个房间，你决定谁来陪伴你、帮助你。你建立了一个对你来说很好的地方，如果有什么不协调，你可以自己改变它。

如果你现在觉得在这个地方很幸福，那么做一些动作，例如，把手放在胸前或肚子上，在那里你会感知到幸福感。无论何时，你都可以返回那个地方。你可以随时想象它，尤其是在你感觉不好，感到孤独、被遗弃或被拒绝时。与其用食物安慰自己，陷入被遗弃的抑郁的情绪，并产生毁灭性思考或破坏性行为，不如回到你安全的地方，想象在那里被你真正需要的东西滋养。待在安全的地方也证明了在自恋发展过程中出现的受伤的自我。通常你像年幼的孩子一样体验到被抛弃、被拒绝、不被爱，甚至被忽视。你被带到安全的地方，在那里被保护、被爱和被感知，并允许做自己，通常那里有理想的充满爱的父母、兄弟姐妹、动物和一切对你有好处的事物。你会得到过去缺乏，以及经常从伴侣那里求而不得的东西。现在，你被深深地滋养，自我整合，使部分的自己变得完整。由此，你不再用消极的、孩子气的方式行动和感受方式生活。

诱惑

尽管我们与真实自我接触，但我们一再屈服于自大的诱惑，因为虚假自我与真实自我之间的斗争尚未到来。

矮人们就提醒她："要提防你那继母，她很快就会知道你在这儿，别让任何人进来。"

那个王后自以为吃掉了白雪公主的肺和肝以后，心里再也没有牵挂，认为自己又是天下第一美人了。一天，她走到魔镜前面说：

"魔镜，魔镜，谁是世界上最美丽的女人？？"

只听得镜子回答："王后啊，您在这儿最最美，可是白雪公主在对面山里，跟7个小矮人住在一块儿，她比你还要美千倍。"

王后听了大惊失色，因为她知道魔镜从来不说假话，还知道猎人欺骗了她，白雪公主现在还活着。现在她又在左思右想，应当怎样把小姑娘杀死才好。只要她一天不是全国最美丽的女人，她的妒忌一天也不会消失。最后她终于想出一条计策。她给自己的脸涂抹了一下，打扮成一个卖杂货的老太婆，别人谁也认不出来。装扮成这副模样后，她越过了7座山，来到7个矮人的小屋前。她一面敲门，一面大声喊道：

“卖好东西喽！”白雪公主从窗口探出头来问：“您好，老奶奶，您卖的是什么东西？”“好东西，漂亮货。”她答道，“各种颜色的带子。”说罢，她取出条用五彩缤纷的丝线织成的带子。“看来我可以让这个老实的女人走进屋里来。”白雪公主想。于是她打开了门，买了一条漂亮的带子。“孩子，”老太婆又说，“看你多漂亮呀！来吧，我要给你好好系上。”白雪公主天真无邪地站在她的面前，让她系上那条新的带子，可是老太婆缚得又快又紧，白雪公主连气也透不过来，倒在地上像死去一般。“现在你可不再是最美的人了。”她一面说，一面赶快走出门。

不久，天色晚了，7个矮人回到家里。他们看到可爱的白雪公主在地上躺着，不由大惊失色。她一动也不动，仿佛死了一般。他们把她抱了起来，看到她已被缚得太紧了，就把这条带子一刀剪断。不一会，她开始微微呼吸起来，后来又慢慢恢复了生命的活力。当矮人们听了她讲的故事后，他们说：“卖杂货的女人绝不是别人，而是那个恶毒透顶的王后，你可要小心，当我们不跟你在一块儿时，别让任何人走进屋来。”

那个可恶的妇人回到家里后，又走到那面魔镜前问道：

“魔镜，魔镜，谁是世界上最美丽的女人？”

只听得镜子像过去那样回答："王后啊，您在这儿最最美，可是白雪公主在对面山里，跟7个小矮人住在一块儿，她比你还要美一千倍。"

她听了这话，不由大吃一惊。知道白雪公主依旧活着，她心里非常害怕。"现在我要想出一个办法，"她说，"非得让你彻底完蛋不可。"于是，她用她所通晓的巫术做成一把有毒的梳子。她把自己乔装打扮成另一个老婆子，越过7座山，来到7个矮人家。她敲敲门，提高嗓门喊起来："卖好东西喽！"白雪公主往外面看了一下说："去吧，我谁也不让进来。""看一看货色总是可以的喽。"老太婆一面说，一面拿出有毒的梳子，把它举得高高的。

白雪公主看到这样的梳子非常高兴，不由被它迷住了，就把门打开。当她们把这笔买卖讲定以后，老太婆说："现在让我好好梳一梳你的头发。"可怜的白雪公主什么提防也没有，让那老太婆任意摆布。可是梳子一碰到头发，毒性就发作起来。孩子立刻倒在地上，不省人事。"你这标致透顶的丫头，"恶毒的女人说，"现在让你尝尝滋味。"说罢扬长而去。幸而天色不久就黑下来，7个矮人回屋来了。当矮人们看到白雪公主躺在地上像死人一般时，他们马上疑心到这是后母干的事，便东寻西找，结果发现了那把有毒的梳子。他们刚把它拔出，白雪公主就苏醒过来，把刚才发生的事一五一十告诉他们。矮人们又一次警告她要谨慎小心，谁来了都不要开门。

王后回家后，又站在魔镜面前问道："魔镜，魔镜，谁是世界上最美丽的女人？"

只听得镜子像过去那样回答："王后啊，您在这儿最最美，可是白雪公主在对面山里，跟7个小矮人住在一块儿，她比你还要美千倍。"

王后听到镜子说这些话，气得浑身发抖。"白雪这小丫头非死不可，"她尖声嚷道，"即使要拿我自己的性命做代价，我也不在乎。"于是她走到一间非常秘密、谁也没有进去过的房间，做出一个毒性很强的苹果。苹果的外形很美，一面白，一面红，每个人见了都会十分喜欢，可是只要谁咬它一小口，他就准会死去。苹果做好以后，她把脸涂抹了一下，打扮成一个农妇模样，又越过了7座山，来到7个矮人家。她敲敲门，白雪公主从窗口探出头来说："我谁也不让进来，7个矮人不准我开门呀。""这跟我没有什么关系，"那个农妇说，"我的苹果嘛，我很快就要卖光了。瞧，我可以送你一个。""不，"白雪公主说，"我什么也不能拿。""你怕里面有毒吗？"农妇说，"你瞧，我现在把那苹果切成两半，你吃红的一面，我吃白的一面。"原来那苹果做得非常巧妙，只在红的一面放毒药。白雪公主很喜欢那个美丽的苹果，她看到农妇在吃，再也忍不住了，就伸出手去，把有毒的那一半苹果拿在手里。

可是她只吃了一口，就倒在地上死了。王后狠狠地瞪了她几眼，纵声大笑，接着说："像雪那样洁白，像血那样鲜红，像乌檀木那样黑！这一回，那些矮人就没有办法再让你醒过来了。"回家后，她又问起魔镜来：

"魔镜，魔镜，谁是世界上最美丽的女人？"镜子终于这样回答："王后呀，你是全国最最美的人儿。"

这样她充满嫉妒的心终于得到了平静。

对于自恋女性来说，嫉妒是一个重要但禁忌的话题，她们其实蔑视欣赏自己、被人嫉妒的那些人。她们以竞争、争斗和贬低来隐藏自己的嫉妒。如果遇见一个女人或男人由于能力或外表比她强而有可能使自己产生自卑感时，她们就不能接受这一事实，于是千方百计地去贬低他们或者与他们展开竞争，目的是成为一个胜者，证实自我价值。这种行为表现出她们自我价值的不稳定性，对极小的挑战也承受不了。这些女性要么嫉妒、吃醋、竞争，并面对由此而引发的恐惧，把自己贬得一钱不值，要么不断地为此而努力，向自己和别人证明她是最好的，但从中她们又无法获得满足。

另一种情况是坦率地承认自己不是世界上最了不起的和最重要的女人。这样她就对自己的"正常状态"产生了委屈、憎恨和痛苦的感觉，害怕自己不够谦虚，以致不受人喜欢。但为了不再取悦别人，而是作为一个个体被承认和被爱，就必须允许这种感受，因为它能增强真实的自我体验。最重要的是，羞耻感与自恋防御和受伤害有关。不符合自己的想法，不像人们期待的那么出色，这会导致因为自己觉得没有能力而自我憎恨，也会因为不想丢脸而远离别人。羞耻感会导致孤立，所以想要躲起来。克服羞耻感需要治疗师的理解。如果这还不能成功，就要准备直面诱惑：如果我面对诱惑仍然能实现我的理想，我就可以摆脱失败和羞耻感。

白雪公主三次掉进虚假的自我体验的诱骗陷阱中。第一个陷阱是一根带子，这象征着追求完美和有吸引力的形象。女性以此来阻断自己的需要，把自己装进完美的“紧身束胸衣”里，就像她为了受人喜欢而去禁食时做的那样。她压制自己的需要以换取漂亮的外貌，就像用童话里的这根带子紧紧地束紧腰身。

第二个陷阱是一把梳子。它象征着比内心体验更为重要的外表形象：为了漂亮，女人甘冒“中毒”——从身体里面杀死自己的危险。这两次都是代表正义的矮人识破了谎言救了她，白雪公主得到了救助。但第三次被诱骗时她就没有那么好的运气了。那个有毒的苹果象征着不良的内摄和自恋剥削，它被打扮得如此美丽，以致人们无法察觉出它的危害。毒药代表通过成就和魅力来获取承认，为此她要以自恋剥削、符合理想的外在形象和否认自己的真实的自我体验为代价。自我吹嘘并造成一种与任何人都能进行交往的假象，就是其象征。吐出苹果后，白雪公主才苏醒过来，就像女性只有摆脱压抑的内摄才能成为自己。在治疗过程中，虚假的自我体验的引诱始终是一种危险陷阱，对未知感受的恐惧和对真实自我的渴望往往因此而摇摇欲坠。

虚假的自我体验是保护自己免受正常和平庸的恐惧。有自恋人格的人把正常和平静生活与无聊、没有成就和不受人欢迎联系在一起。她们极少对自己所取得的成就满足，从不为自己取得的成功而高兴，因为她们的眼睛已经盯上了下一个目标。尽管她们不断努力，却始终没有真正满足。

新的活力

没有活力的生命是真实自我分离的结果，这导致内心空虚，没有生气。以玻璃棺材为象征：

7个矮人晚上回到家，发现白雪公主在地上躺着，嘴里再也没有呼吸，她真的死了。于是他们把她抱了起来，看看能不能找到什么有毒的东西，再解开她的带子，梳梳她的头发，用水和酒擦洗她的身体。可是什么都没有用。那个可爱的姑娘真的死了，再也活不过来了。他们把她放在尸架上，7个人一起坐在旁边，放声痛哭，一连哭了3天之久。现在他们想把她葬了，可是她的脸色仍是那么鲜艳，好像活人一般，腮帮儿依旧美丽而红润。他们说："我们不该把她埋在黑黑的泥土下面。"于是托人做了一口透明的玻璃棺材，让人们可从四面八方看到她。他们将她放在棺材里，在棺材上面用金字写着她的名字，还表明她是一位公主。然后他们将棺材抬出去，放到山上，一个个轮流站在她的身边看守。飞禽也纷纷赶来为白雪公主哭泣。先是一只猫头鹰，后来是一只乌鸦，最后是一只小鸽子。白雪公主在棺材里躺了很久很久，不但没有腐烂，而且看上去仿佛睡着一般，因为她的皮肤仍旧像雪那样洁白，嘴唇仍旧像血那样鲜红，而头发仍旧像乌檀木那样黑呢。一天，一个王子来到林间，向7个矮人的屋子走去，准备过夜。他在山上看到了这口棺材，见到美丽的白雪公主躺在里面，还看出写在棺盖上的金字。于是，他对矮人们说："把这口棺材让给我吧，至于报酬方面，你们要什么，我就给什么。"可是矮人们这样回答他："即使把世界上全部的金子给我们，我们也不愿让给你！"王子接着说："那就把她送给我吧，因为见不到这位白雪公主，我就不能生活下去。我会把她看成是最亲密的人儿，尊敬她，好好照料她。"善良的矮人们听他这么说，不由产生了同情，便把这口棺材给了他。王子吩咐侍从们把棺材扛在肩上，把它抬走。不料他们在一株矮树上绊了一跤，由于震动，白雪公主吃下的毒苹果的残渣从喉咙里一骨碌滑了出来。不一会儿，她睁开眼睛，顶开棺材盖，坐了起来。她复活了。

如果虚假的自我获胜，就会产生第一个王后的状况（自卑和压抑）：玻璃棺材就像活埋。当事人虽然活着，但内心像死了一般。她们感到内心的空虚，与生活非常疏远，好像有一道肉眼看不见的墙把她与别人隔开。尽管她与他人在一起，但却似乎不属于这个团体。她也不再感觉到自己，失去了与自己的联系。自恋女性在接受我们治疗时常常出现这种状态，因为她们总试图得到“完美”的治疗。她们的所作所为只是为了取悦治疗师，而不是出于对自己的关心，她们“做”治疗和接触，而不是经历它。

玻璃棺材还有另一个意义：它象征着被动，把自己的责任转给别人，要得到别人的帮助，期待由外界来解决她的问题，使她发生变化，而不是自己主动做出努力。其他人——通常是最亲密的家属成员，如父母、兄弟姐妹或伴侣，围着她转（就像矮人们为白雪公主而痛哭），关心她，为她出主意，与她一起受苦。抬棺材的人绊了一下使白雪公主复活了，这代表环境停止承担帮助她们解决问题的责任，只有这样，她们才可能不得不开始自己承担责任，才能长大。新的活力意味着与他人交往，同时与自己接触，感受自己的界限。只有当她不再希望通过伴侣或其他人来满足她的愿望和补偿她的自尊不足时，她才可以建立良好的关系：她们不再是一个依赖别人的儿童，而是一个能对自己负责的女性。

王子代表了一种意识状态。人们不是拒绝自己的真实的自我体验（白雪公主），而是像对自己最喜欢的东西那样对它毕恭毕敬，非常尊重，因为这就是生活本身。但使白雪公主醒过来的那一跤既不是王子的愿望，也不是白雪公主的作为：由于抬棺材的人绊了一跤，白雪公主把那个毒苹果吐了出来。这也代表了消极的内摄和威胁的交往被王子充满爱和尊敬的目光所替代。

童话中提到的两个明显的转变是偶然发生的：被针扎了一下让第一个王后对自己的孩子有一种特别的憧憬；抬棺材的人绊了一跤使白雪公主复活了。在日常生活中，一些重要的改变常常也具有偶然性，我们没有做什么努力，没有付出就得到了它。在我们还沉湎于自身时事情就已经发生了，我们“没有任何付出”就“无偿地”得到了。

有能力建立关系

“哎，天哪，我在哪儿呀？”她大声问。王子非常高兴地说：“你在我的身边呢。”他把刚才发生的事全都告诉了她，又说：“对我来说，你比世界上任何东西都珍贵，跟我一起到父王的宫殿里去吧，你将做我的妻子。”白雪公主对王子的印象很好，便跟着他一起走了。宫里的人们十分隆重热烈地准备起他们的婚礼来。

王子也是关系的象征。按旧的自恋模式，最初的关系是这样开始的：“把这口棺材让给我吧，至于报酬方面，你们要什么，我就给什么。”这表明一种态度，任何东西，包括爱，都能够买到。只有当他准备进入一个真正的关系并表达他真实的爱时，他才被给予棺材。实际上我们的礼物并不是由于才能、美貌或完美而获得的，这种想法对女性自恋人格者是很陌生的，因为她认为她必须先有付出才能有所得。她不相信她可以得到所要的东西。

白雪公主和王子的婚礼象征着一种内心的结合，结束分割，建立了一个整体。治疗以及个性发展的目的就是要让人的个性完整，自我的各个方面都得到发展。所以，婚礼也是把自身的长处与不足整合，以及把自己与他人的整合：每个人都有积极的一面，同时又有消极的一面。每一对情侣都要接受对方的特点，当然也要接受自己的特征。刚开始要让有自恋人格的女性注意、接受男友的长处和缺点很不容易，相对来说，贬低别人的不足之处要比实事求是地评价更容易些。对自己的评价也同样如此。

童话中的婚礼也是真实交往能力的标志，这种关系不是以过分美化，而是以喜欢为前提的。“白雪公主对王子的印象很好，便跟着他一起走了。”对某人“印象好”是一种喜欢的表示，有自恋人格者不会或很少有这种情况，她们要么爱某人爱到“疯狂”，要么蔑视别人。只有当双方找到了同一性，不需要再去寻找对方的完美形象，才可能举行“婚礼”，因为一种令人满意的两人间关系是要以跟自己的良好关系为前提的。

关系模式的改变是以自恋女性用更多的时间去构筑关系为开端的。与其匆匆忙忙地冒险，还不如与一个男友建立从容的交往关系，考虑自己对他有什么期望，他是否能满足自己的要求。这样，她就能避免热衷于那些无法实现的幻想。也许她还能觉察到，自己真正亲近一个男友的速度比原先慢得多，需要更多的时间。这也意味着在许多情况下，这不再仅仅是建立一种性伙伴的关系。

有女性自恋的女性常常在练习引诱“艺术”，以便用此方法建立与男人的关系。这种关系通常没有很深的感情，因为它更具有游戏的色彩。如果女性对她要找哪种男人很明确，不再对人采用那种引诱的手段，她就会产生友谊的体验，因为她喜欢的许多男人根本就不可能成为这种两人关系的潜在伙伴，但他们能成为很好的朋友。这种关系的特征，也可用于与女性的关系方面：她们不仅仅是争夺男人的竞争对手，而且也可以是有趣的人，与她们交往可能是值得的、滋养的。

自恋的缺陷导致人们在别人身上寻找自己缺失的部分，这会增强他们被摧残的自尊心，并弥补他们的缺失。例如，如果一个女人不相信她会受到钦佩，那么在和人相处时，她就会和那些受人敬佩的人在一起，享受别人带来的光环。或者，她寻找一个男人，在他的身上能看到理想的自我——成功，有沟通技巧，被关注的中心，受欢迎。作为她的伴侣，这些优点应该传递给她，以此来增加她的自尊心。但这不是爱，只是试图填补自恋的缺陷。

自恋女性想通过伴侣来提升自我价值，这也导致了她对伴侣强烈的渴望。亨特·博蒙特区分了退化的渴望和健康的渴望。在退化的渴望中，人们追求融合共生和“好母亲”。而健康的渴望追求“精神发展和进步，总而言之，追求爱”。

这两种形式，也被称为消耗渴望和滋养渴望，因为这两种状态当事人可以体验到。退化的、消耗性的渴望往往与强烈的、伤痛的感情有关，她们往往和喜欢的人纠缠但求而不得，从而陷入痛苦的悲伤中。这种渴望仿佛耗尽了女性的活力，它不像滋养渴望，可以激励她去寻找爱。此外，消耗渴望是永远无法被满足的，因为自恋想要与伴侣融合共生。女性常常把这种渴望与爱混为一谈：她们认为，当她们强烈渴望男人时，就会爱上他。但这种感觉更多是一种融合共生的欲望，而不是真爱。因为一个人只有拥有自我，才能有满足的、充满爱的关系和良好的、亲密的接触。

自大已死

真我和自大之间的战斗还没有结束，童话还没有讲完：

白雪公主举行婚礼时，那个狠心的后母也接到了邀请。这个女人穿着漂亮的衣服，又站在魔镜的面前问道：“魔镜，魔镜，谁是世界上最美丽的女人？”

只听到魔镜答道：“王后啊，您在这儿固然最美，可是那个年轻的王后比你还美一千倍。”

听了这话，那个可恶的女人狠狠诅咒起来。她终日心惊胆战，真不知如何是好。起初她根本不想参加婚礼，可是她的心情怎么也平静不下来，终于不得不去，看看年轻的王后究竟是怎样一个人。她一进门就认出了白雪公主，于是惶恐万状，站在那儿一动也不能动。只见炭火上放着一双铁拖鞋，人们用一副火钳夹了过来，放在她的面前。她只得穿上那双烤得红通通的鞋子跳舞，一直跳到倒在地上死去。

虚假的自我体验的命运也表现在铁拖鞋的象征中：追名逐利、追求能力和自以为是地忙忙碌碌。只有那些一直在工作，不允许自己有片刻安宁和闲暇，总是追求越高越远，总是想万众瞩目的人，基本上从不满足，才会感到自大。休息和放松使这些女性感到极度痛苦，因为她们害怕如果自己不做任何事情，就没有任何价值，甚至不配活着。

“如果我只是做我自己，没有做任何特别的事情，还有什么理由在世界上存活呢？”她们在取得特别高的成就、受人钦佩时，才会体验到自恋的满足。通常，不知疲倦地追求是为了抵御不受欢迎的生存危机感，当女性工作并取得成功时，她不会觉得自己没有资格存在于世界上。只有当她休息了，她才会有这种感觉。

我经常在成功女性身上发现这些自恋危机，她们取得了很多成就，却不满意、不满足。她们会突然觉得，即使自己有再多的工作，也不会变得更满意，这不得不动摇她们现在的理念。尽管这一事实对当事人来说令人震惊，但它也是一个培养一种新的生活态度的机会，生活不再只与业绩和成功有关。我不想反对业绩和成功，但是如果它们关乎自己是否享受成功，认为有了它们才觉得有资格生存，那么人们就要重新考虑自己的立场了。如果她真想做一个可爱、富有，对别人很重要、很有价值的人，那么就必须忍受恐惧，即使现在这种恐惧一直被成就压抑着。不因成就或特定的能力而被爱的经历是一份礼物，因为从长远来看，这会让人真正感到快乐满足。

然而，从积极意义上来说，自大也提供了一种探索新事物、对新事物感到好奇、促使实现设立目标的动力。这种动力在人生过程中变得越来越少，因为我们要么不再有那么多的力量去实现一切，要么减少了持续推动自己前进的兴趣。我称之为年龄的恩典，这有助于克服自恋结构。或者换句话说：自恋在老年时往往失去它的重要性。我们不必总是得第一，而是退后一步，在行动之前保持一定距离看待事情。此外，我们不必再完美无缺，而是可以更大度地处理我们和他人的错误。在晚年，你的选择范围变窄了，重要的是形成高度和深度。

这意味着向上寻找到精神上的联系，并在内心专注于自己的价值观。外部的控制越来越被内在惯性所取代。当我们经历年龄的增长和力量的下降时，这不只是一种自恋的伤害，而且是一种获得新事物的机会。从某种意义上说，这适用于我们在生活中遇到的任何阻碍，无论是疾病、事故、失业还是分离。限制是痛苦的，但是可以让自以为是的要求让位给适当需求。

自恋的自大可以逐渐耗尽的，因为它失去了活力。在童话的形象中，这意味着拥有自恋结构的人必须长时间“跳舞”，即工作、执行、努力、追求、推动，直到失去力量或欲望，虚假的自我体验真正地死去。

虚假自我的积极一面

即使当事人忍受着虚假的自我——自卑感使他们无法过上充实的生活，而自大带来的压力让他们筋疲力尽，即使如此，虚假自我也不仅仅只具有负面的意义。在我的讨论会中，我总是使用一种可以感受到其积极方面的练习。

想象一下自大的自己究竟是谁。你可以选择地球上或超越地球的任何东西：建筑物，人，风景，太阳，月亮，星星，宇宙。选择一个象征你自大的形象（为了说明这一点，下面我会用太阳的形象）。现在，请认同这个形象，并用第一人称自我表达："我是太阳，照耀全世界，给人们带来欢乐和温暖。一旦我不在，世界就会变冷，人们就会很伤心；当我再次出现，人们又一次欢欣鼓舞。我创造生命，也可以摧毁生命，因为我可以变得过于炽热。但大多数时候，我很友好，喜欢那种光芒和温暖。"

通过讲述自己，你就会意识到自大的形象是如何自我表现的。创造好的东西，像太阳一样发光发热，成为自恋者隐藏在内心的需求，也是其自我行为的重要原则。因此，自大的形象不仅仅可以被理解为永恒的内心驱动，还可以把它看作是你感知到的奇妙之物，并把它作为改变的准则。

一位参与者选择了一位著名钢琴家的形象。当她认同这个形象时，她突然意识到她已经几十年没有弹钢琴了，她过去很喜欢钢琴，这是她生活中非常重要的一部分，但由于工作和家庭她完全忽略了它。现在弹钢琴再次触发了她去感知喜悦和活力的想法。

因此，自大的形象也包含着一个我们可以追随的理想，我们甚至从中增强自尊，而不是削弱我们的自尊。它可以是一种有意识的看得见的刺激，而不是一个通常根本无法实现的被夸大的目标。积极的理想让我们强大，而无意识的自大的理想则削弱了我们的自尊。

自卑者可以做同样的练习：问问自己，哪个符号代表你的自卑感。钢琴家选择了抹布做象征，它肮脏地位于角落里，每个人都要过来踩一脚。这与骄傲的钢琴家完全相反——她坐在闪亮的大钢琴前，接受观众的掌声。

你可以通过询问一方能够为另一方做些什么以及如何改变形象，来建立两个形象之间的连接。钢琴家用抹布擦亮她的大钢琴。要做到这一点，抹布必须被洗净，从角落里出来。因此，抹布成为服务美的重要工具，自卑的一面已经升级并且变得很有用。钢琴家能够让自己意识到，即使自己很自卑，她也是重要的，没有理由自我屈服或践踏自己。

这种内在形象是强大的，有助于改变自卑感，并用可以实施的方式来限制自大的幻想。

灰姑娘和克服自卑

同样在童话《灰姑娘》中，我们遇到了自卑（灰姑娘）和自大（同父异母姐妹）之间的斗争。在这里，与其说是为生死而战，不如说是为认可和权力而战。姐妹间通过各种方式产生冲突。灰姑娘被她专横跋扈的姐妹嘲笑，姐妹得到了继母的支持。但灰姑娘也有支持她的力量，即她种植在她母亲坟墓上的树、白鸟、鸽子和她的母亲。即使她的母亲去世了，灰姑娘也通过她来获得救赎。这表明灰姑娘和她的母亲之间有着良好的连接，因为母亲对她的影响是积极的。然而，“死亡”的事实给这种连接蒙上了一层阴影。不管是母亲的真正死亡还是她无法独自对抗父亲，都代表了灰姑娘自卑的、被贬低的立场。这一点我们在她的继母和姐妹身上也能看到。至少父亲不站在灰姑娘一边。

对父亲来说，我做什么都是不正确的。他不喜欢女人，只有女性表现得不像女人时，他才能和她们相处。我妈妈总是留着很短的头发，我的小妹妹看起来像个男孩。但我喜欢裙子和辫子，更喜欢玩洋娃娃。作为一个女孩，我感到非常自豪，但我父亲一点也不喜欢。特别是当我进入青春期时，他总是担心我会成为一个妓女，并禁止我外出。例如，当我第一次想穿比基尼时，只有妈妈支持我。我很想体验作为女性被父亲喜欢的感觉。

灰姑娘不像其他人那样按部就班，所以她被认为是不好的。被排斥、不被接受和不被爱的经历，以及感觉自己是不正确的，都是结果。灰姑娘的自卑在于拒绝和漠视她的经历。她没有以自己应得的方式生活，而是通过自我贬低而被迫承受屈辱："我不够好，我丑陋，我不属于这里，我没有权利提出我的要求。"她把自己放在墙边之花（指舞会上没有舞伴邀请，只能坐着看的女子）的位置，总之，没有人爱。自我贬低是来自父亲还是母亲，都无所谓。重要的是痛苦，以及无法抗争的低微的位置。灰姑娘不反抗，而是默默地忍受着她的命运。

舞会，一个选择新娘的节日，一个女性象征的节日。现在她想在那里，坚持她的权利，但她被拒绝了。她被要求从灰烬中挑出扁豆，这阻碍了她参加舞会。这是一个无法完成的任务，因为两者颜色基本一样。扁豆是女性生育力的象征，把它们扔进灰烬是为了杀死灰姑娘的女性气质。通过把好的扁豆收集到小盆里，她重新获得了自我。但是，每当灰姑娘成功地将她的女性气质带入生活时，她的发展就会再次受到阻碍。

在最困难的时候，灰姑娘积极求助于支持她的帮手。她的转折是在母亲的帮助下发生的，她送给她参加国王宴会的舞会礼服。但是，这个被赋予的平等身份不是永久的，而且是秘密进行的。这既不能被姐妹看到，也不允许在白天展示自己的价值。她不得不逃跑，再次把自己裹上破布，假装什么都没发生。否则，她的机会就丢掉了。自恋的女性难道不也因为不敢承认自己可以光明正大地生活而在隐藏自己吗？难道她们不也总是害怕自己的伪装会被认出来而暴露吗？难道她们不也一直相信别人比她们更好、更有价值、更重要、更可爱吗？把自己定义为没有价值、逃离自卑的角色，不是更好吗？如果她们不分享幸福，也没有快乐，可能就不会感到痛苦。

继母拒绝将灰姑娘介绍给王子，象征着这位女性害怕展示她的自卑。她在关系里很强势，羞于表现出脆弱、害怕的一面。在灰姑娘身上，我们并不认为自大是自卑的替代品。她可以在姐妹面前很有优越感，因为她是被国王选中的，然而她继续默默无闻。然而，如果女性不接受选择，不抓住馈赠并拥有它，那这种谦虚就会成为一个问题。但是，当鸽子来了的时候，这种恐惧就变得多余了：鸽子是智慧和爱的象征。当女性相信自己的感受并关心自己时，她们就会允许自己被选择。

最终，自卑和自大都没有胜利。女性可以隐藏自己，并宣称自己没有归属和不被重视，但她们并不是低人一等。相反，没有任何形式的切割或残缺，也没有任何对身体的操纵（为了能穿上鞋子切掉脚跟和脚趾）可以帮助她们。因为没有任何外部变化可以使她们从自卑感中解脱出来。只有当她们变得真实，并在一段积极的情感关系中体验自己真正的价值时，才能做到这一点。

当一个人变得完整

每个人都有改变的力量，以及有意识和无意识地想要变得完整的渴望。拥有完整人格的方法，在于克服极端的立场态度，因为那使生活变得无常和令人疲惫不堪。

在这里，我只针对自大和自卑这两种极端的消除，并使人们知道自己由更多的部分组成，这些部分往往决定着我们彼此独立的人格。

为了消除极端，结束各部分自我的分裂，有必要把它们连接在一起。一方面，这是因为自大和自卑被认为是自恋女性感到欢天喜地或悲伤忧郁的原因。因为只有那些贬低自己的人才会自卑，只有那些抬高自己的人才会自大。

一位在时尚行业工作的病人，患有暴食症15年。在这个行业里，要达到苗条的标准一般需要极端的生活。她将她的人格整合描述如下：

在治疗过程中，我觉得从根本上正遭受着自卑和自大之间的内心斗争。到目前为止，我从来没有过这样的经历，只感受到压力，这种压力随着暴食症的发作和时不时的呕吐而结束。这种压力越大，我就越想取悦我的工作和我的家人。我没有取悦自己，我根本没有这种意识。

我全身心地投入工作中，这带给我很多快乐，我也想成为一个好母亲。这是一个巨大的平衡行为，并不能顺畅进行。我完全迷失了自己，和我丈夫的关系越来越糟。他抱怨我没有时间陪他。但我怎么能做好所有事情呢？我尽了最大的努力，但这永远不够。我完全绝望了，越来越努力地干活。

直到我意识到，我身体里有一个声音呐喊，希望我好好休息，花时间陪伴家人。自大就像一匹野马，毫无节制地向前冲去，没有考虑到另一个方面。这就是为什么我不允许那种呐喊。我不敢相信自己去感受它，因为我觉得自己不重要、懒惰、无聊和毫无价值。我觉得失败是平静的，忙忙碌碌工作是成功的。只是当压力变得太大时，忙碌会自动演变成上瘾。然而，如果我设法都给它们空间，那我就会很好，我既不必吃太多也不会呕吐。回归工作尽管是非常痛苦的，但我觉得这对我有好处。今天，我可以享受与孩子们在家里的时间，和我丈夫的关系也好多了。只要我能感觉到自己的两面，并给予它们生存的权利，我就没事了。现在我既享受工作，也享受家庭。

然而，变化的问题在于，对自卑和自大的维持通常是无意识的，我们几乎注意不到。我对自己说了什么自我贬低的话？我要如何提高自己？什么是真的，什么被夸大了？因此，变化的一个里程碑是认识和改变评估我们行为的信息。在我的书《没有人那么容易伤害我！》里，我整理了许多练习和建议。

此外，我们往往不知道这些方面的存在和我们内心的斗争，我们只感到不满和成瘾的压力或其他身体症状。然而，它们作为信号，提醒我们忽略了重要的东西，可以给我们指明一条道路。如果我们对自己诚实，倾听自己，那么我们很快就会发现自己被压抑的需求。下一步就是跟随它们。因此，整合意味着允许自卑和自大双方的存在，并认识到它们的重要性。如果你明白，它们是保护你免受不愉快的感觉和自我价值丧失的防御形式，就会对自己有更多的理解，并对自己更加宽容。

自我各部分的整合也意味着将强者和弱者的体验结合起来。通常，人们只认同其中的一种。此外，如果出现分裂，只有一种体验渗透到我们的意识中，而另一种我们不再记得。当一个女性感到无助、孤独和被遗弃时，她也很难想象自己会坚强、精力充沛。相反，当她体验到自己坚强和独立时，她不再感觉到自己的弱点。整合意味着同时牢记两者，并且知道，另一面总是在那里，随时可供使用。

自恋的人往往把弱点看作是和感情、羞耻或需求一样消极的东西。另一方面，坚强和冷静具有很高的价值。在这种情况下，如果自恋女性体验到她可以充满感情而不失去力量，这就是疗愈的成果。通过这个，她开始接近每一个方面，成为拥有不同体验但又互相协调的一个人。

在改变初期，必须在意识中分别提高各方面体验的积极面，以打破分裂机制。这可能导致迄今为止因分裂而被避免的恐惧和不确定性，例如，担心如果自己与另一个人进行情感接触，就会失去独立性。如果她忍受住这些恐惧，那么就可以完成整合。连接两个极端的句子是："我可以参与并保持我的力量。"这创造了第三种可能性，留下更多的回旋余地，并有一种缓解感，这表明她与真实的自我有联系。

自恋女性想要在与男性的关系中被治愈，不仅是对融合共生渴望的表达，也是想要成为一个完整、充实的人的标志。

整合不仅意味着克服自卑感和自大感之间的分歧，而且意味着与分裂的真实自我的联系。这首先发生在对立方不再互相争斗，而是互相支持的时候。

事实证明，以游戏的方式表现各个部位，就好像它们是人或物体一样，这对于治疗工作是有帮助的。我的一个患者把自大的一面等同于一个女演员，自卑的一面等同于一个试用者。当我问到双方在同一个房间里的位置和动作时，她把演员直立地放在房间中间，试用者则蹲在一边角落里。原来女演员只有蔑视对方，试用者只有恐惧。女演员越是侮辱试用者，试用者就越害怕，越把自己缩在一起。很明显，他们不会走到一起，因为他们拒绝双方。

“他们有哪些共同点？”患者自发回答：“外观。”是的，我们看双方起来都一样，身体一样。这很好。女演员和试用者都对这一事实感到惊奇和高兴，并逐渐产生了对彼此的兴趣。

“你是谁，和我这么不同，但看起来又这么像我？”然后，恐惧和轻视消失了，理解开始了。在接下来的几周里，患者经历了逐渐的和解。她觉得女演员和试用者越来越相互适应，现在空空的内心得到了填充。病人体验到连接的过程，好像拥有两面性的一个人最终融为一体，这好像是经历了花开的过程一样。和解并不总是这样迅速和收益巨大，因为有时很明显，除了自大和自卑之外，还有其他部分也卷入了内心斗争，或者一方或双方受了重伤，需要额外的支持和保护才能表现自己。

例如，一个患者自卑的一面被称为“黑暗面”，另一面是自大，但她不喜欢自大那一面。除了这两面还有其他部分，我们称为坚强的内在小孩，自信和自然，害怕黑暗面。我们为这个小孩子找到了一个支持者：一只白色的小北极熊，它以阴阳标志的方式连接到黑暗面。黑白构成一个整体，相互依赖。在这个统一中，它也可能转向自大的一面，并与之取得联系。

我们的不同部分整合后彼此欣赏，这是良好的自尊的基础。我们所有的一切，甚至我们拒绝的东西，都有其意义，当我们欢迎它而不是拒绝它时，这些意义才能发挥作用。正如我们在上一节中所看到的那样，自大包含了我们的思想、意志和行动所遵循的理想，不仅仅是单纯的傲慢。自卑的经历不仅意味着我们自尊心受挫，而且还可以帮助我们变得更加谦逊，而不是一味地高估自己。一旦我们欣赏和尊重自己作为一个完整的人，自身的力量就会得到增强。这种自我反省并不存在于自恋机制中，这就是为什么我们需要来自外界的认识。

需求让我们充满生机

在关系中，自恋的女性会很快感到自己未被满足的需求，这些需求显得那么力量巨大，并且似乎已经无法控制。她们希望通过伴侣或治疗师满足自己的所有需求，却没有意识到对方根本做不到。如果对方退缩，她们就觉得自己的基本恐惧得到证实：我的需求太大，不能指望任何人接受它们。她们认为自己的需求是错误的，所以她们也不得不退缩。接下来她们会更加注意表现得没有欲望，以免吓到别人。然而，内心的空洞和渴望会越来越大，对下一个伴侣的要求甚至更高。因此，当事人处于恶性循环中。只有她们学会承认自己的需求，才能打破这种恶性循环。这使得她能够恰当地表达，从而给对方单独反应的机会。

需求和愿望是完全合情合理的。但是，如果它们被压制和评价为负面的，就会发展成一个破坏性的动力，导致过激的行为，即迫切需要一个满意的结果，一刻也不能等。这种压倒一切的紧迫性，而不是愿望本身，给对方带来很大压力。

如果她们的愿望得不到满足，如果其他人没有在情况好转之前成功推迟满足她们的愿望，她们宁愿不满意地退缩，也不愿接受暂时的挫败感。因为她们将经历的每一次挫折都视作生存的损失，对此最常见的反应是恐慌和害怕被独自留下，什么都得不到。在这种恐慌中，她们要么为至少得到一点什么而迎合对方，要么转身离开，贬低自己的愿望，从而空手而归。表面上看她们仍然很好，但内心只剩下愤怒和拒绝。

这些女性的态度让人想起一个被宠坏的孩子，这个孩子必须实现每一个愿望。这不符合她们作为一个被忽视的人的自我形象，她们希望满足所有愿望，容不得半刻延迟，就像被宠坏的孩子一样。这种态度通常是不可取的，因为这些女性更喜欢接触她们没有的东西。然而，她们并没有意识到自己的巨大需求会对另一个人施加压力。因此，在治疗中，她们想立刻满足需求的愿望仍然是被拒绝的，通过这种情况女性可以研究自我负责的行为。在与治疗师建立可持续关系的基础上，她们可以学会处理界限以及拒绝愿望。如果她们觉得被治疗师拒绝，就有可能在治疗中解决和处理这种冲突。一方面，这有助于诚实沟通，另一方面，她可以保证治疗师的支持和关注。在这些积极经验的帮助下，她们开始发生内在变化，这带给她们更多的独立性和自主性，使她们能够逐渐从融合共生中分离出来。

通过拒绝，以及在病人和治疗师之间建立了可靠和保护关系的基础上，建立一个稳定的自我成为可能。在治疗中，伤害性反应可能在轻微的粗心大意或没有实现愿望时发生。作为一个治疗师，我不得不假设，拒绝在自恋女性心中留下的痕迹，这痕迹比我想的和她表现的要更深。此外，一个好的母亲和好的治疗师不仅是无限的给予者，也是界限设定者。为由此产生的失望腾出空间，并能够体验和表达与挫折有关的侮辱、遗弃、愤怒和痛苦的感觉，是有帮助的。通过这种方式，无法面对限制的缺陷不再与自己的需求联系在一起，而是作为生活的一部分被接受。需求是独立存在的，无论它们是否得到满足。它们就像一束花，使我们变得丰富多彩，充满活力。

分离恐惧的治疗

安德里亚，一个30多岁的女性，在住院治疗后找我做门诊随访，因为她的关系中反复地出现同样的问题。只要她与男人发生感情上的联系，就感到很依赖，以至于每次分离她都很害怕，甚至短暂的分离都被看作是一种威胁。从智力上看，她的反应像个小孩子，不像成年女性，学不会将分离看作是短暂的独处，不知道这种独处总会结束。她一直获得这样体验，仿佛自己的存在都受到了威胁。从她年幼时起，家里就经历多次死亡，这使她认为，分离意味着另一方的死亡和遗弃。这种恐惧发生在治疗中，尤其是在我去度假或暂时缺席的情况下。她每次都担心我可能发生什么事情，导致不会再回来。

因此，在我第一次长时间缺席期间，她遭受了很多痛苦，并用一个可爱的玩偶自我安慰，作为一个过渡对象。它代表了我的安慰和温暖。每当她渴望我或需要支持时，她就会求助于这只玩偶，它象征性地维持着与我的连接。

在接下来的一年里，她在分离方面有了越来越多的灵活性，但很容易回到她先前的依赖感和渴望感中。通过治疗关系的稳定和对被抛弃的内在小孩做的工作，随着时间的推移，她建立了稳定的内在关系模型。这使得她有可能接受分离是临时的，而不是永远的。她现在能够做到没有过渡性对象，因为她已经学会了自我安慰，并在没有外界支持的情况下为自己寻求支持。

嫉妒、执着、自我抛弃、权力斗争、对抗和争吵的所有伎俩都可以被看作是被抛弃的自恋创伤的表达。然而，对被遗弃的恐惧并不一定使一段关系变得不可能，因为病人一直在体验它，只要她告知对方自己害怕被抛弃，这需要诚实和勇气说出真相。在此基础上，就可以建立充满活力的、真实的关系，也不必重复旧模式。此外，对寻求他人保护和安全的内在小孩部分进行安抚也符合这一目的。如果这种自我状态因恐惧和恐慌而获得安慰和理解，又有人给予信任，那她将随着时间的推移冷静下来，尽管继续经历分离的痛苦，但不再认为这是一种威胁。可靠的陪伴可以是已经长大的自己或一种理想中的父母。将害怕被抛弃的部分整合进自己，就更容易不再隐藏自己的弱点和恐惧。与真实自我接触得越多，就越能清楚地表达自己需要什么。因此，人们会相信和另一个人在一起是很好的。这是良好关系的基础。

治疗性关系

自恋结构不能靠自己改变，因为自恋的自尊障碍首先反映在当前的接触行为中，在可持续性关系中而非肤浅的表面关系中才能疗愈。因此，决定性的治疗维度是接触水平。

治疗首先包括获得真正的自我。为此，往往需要意识到从童年起就受到的伤害和自恋症状，并加以改变。在自恋者中，这些伤害首先是被遗弃、自恋剥削、情感虐待、性暴力和情感暴力、拒绝、过度保护或无视自恋需求，例如对依恋和自主的渴望，对固定陪伴者的渴望，对安全感、接受和回应的渴望。所有这些经历都是内在冲突，从而严重损害心灵的发展。在治疗中，可以发现和感受到与这些自尊受挫的经历相关的感受和态度，这使得一些疾病症状未被处理的冲突显现出来。疗愈还包括重新发现人的积极部分，并帮助他们表达。

我的病人安德里亚这样说道：

我意识到在治疗中应该寻找：一个无条件地接受我的妈妈（或者也想要一个爸爸），除了我能给予的，对我没有什么期望，并且给予我保护、温暖和支持。我现在没有能力和一个男人建立关系。因为关系一旦亲近，治疗中出现的一切就会再次浮现：所有旧的愿望、需要和感觉。当我想与一个人接触时，没有感觉到隐藏的这些事情，难怪它总是如此具有破坏性地结束。我有这么多的愤怒、痛苦、恐惧、防御和渴望，我总是把它们放在伴侣身上，而他什么也做不了。现在我想分开，在治疗中慢慢度过，以便能够形成良好的关系。

这句话清楚地显示了一个自恋的女性开始进入一段关系，并允许亲密时的心态。治疗的目标是让女性学会建立信任，并通过支持和支持性的治疗关系找到与自我接触的机会。由于自我是非常脆弱和不稳定的，病人需要大量的保护和温暖。这几乎听起来像一个情感孵化器，从某种意义上说它确实是。在一个疗愈的地方，在温暖和理解的气氛中，她可以敢于暴露她的恐惧、忧虑、渴望和愤怒，而不会担心这种关系处于危险之中。我认为这是病人疗愈道路上的一个决定性因素：能够展示自己最深的情感和最秘密的关系，而不会失去对方，并且能感受到支持和鼓励来更多地展示自己，以及她认为不好的东西，比如她的羞耻、仇恨和破坏性的愤怒。在治疗中，这些感觉获得了一个空间，可以表达，而不会造成伤害。作为一名治疗师，人们暂时充当自我的辅助：从外部给予病人支持，并通过支持和可靠的陪伴帮助她建立稳定的自我。

一开始，病人很难在不破坏关系的情况下接受关系，因为正如她渴望亲密关系一样，她同时也拒绝了它。在发现真实的自我体验的过程中，最痛苦的经历之一是害怕再次被拒绝被抛弃，这与深深的痛苦、憎恨以及对亲密关系的巨大需求有关。从这些相互矛盾的感情中，她试图努力避开这段关系，以便让自己保持拒绝，并自我控制。重要的是治疗师意识到这种机制，并不感到被拒绝的女性冒犯，而是承认她的行为是依恋困难的表达。

对治疗师的强烈矛盾情绪，反映在反复的拉扯中，治疗师和病人之间的接触被反复考验。如果女性进入了一段关系，她就会建立信任并打开心门，那么她首先经历的就不是快乐和满足，而是害怕再次被抛弃的恐惧。要么她担心治疗师不会回来，要么就是不想再和她有任何关系了。这可以通过真正的暂时分离来进行，例如度假。另一种情形，在两者之间有很多亲密联系的时候，患者可能会出现对被遗弃的恐惧。我对自恋女性的经验是，她们接触到自己深深的痛苦，尤其是当她们身体接近（拥抱）和情感亲密（被接受）时。她们经历过童年的无助感和被遗弃的恐慌感，渴望与治疗师融合共生，试图不失去她。

这一时期的倒退趋势非常明显，这与愤怒和痛苦有关。愤怒是不同程度地针对治疗师，并威胁到双方的关系。在此期间，鼓励病人表达她的感觉、担忧和批评也很重要。因为不表达的愤怒真的会破坏这种关系。但除了愤怒之外，她也不想失去与治疗师的关系，这就是为什么病人抑制愤怒和批评。根据她以前的经历，批评或愤怒的表达导致她失去爱和被抛弃，使她今天除了表达自己的赞美之外，很难告诉治疗师自己所有的负面情绪。对于病人来说，这意味着要冒与以前相同的风险。她感到的恐惧是害怕再次被遗弃，并再次感觉到压抑。她们需要许多积极的经验来相信，表达自己的感情不会扰乱关系，而是会增强这种关系。这种经历最终让她们不会因为治疗师的缺点而贬低她，也不会因为优点而高看她，而是承认治疗师是一个有优点也有缺点的人。这意味着关系中分裂机制的消除。

但是，愤怒也针对那些曾经阻碍病人发展个性的人（通常是父母）。这与对父母的强烈内疚感有关，在这背后隐藏着对父母提出质疑会受到惩罚的恐惧。然而，如果可以意识到这种内心历程，那么恐惧可以被纠正，然后被视作是早期的内心信息，这在一定程度上剥夺恐惧的力量。愤怒也会让位于积极的情绪。因为除了挫折，病人其实从父母那里得到了很多珍贵的东西，但在愤怒出现时，这些都不被理解了。

获得真正的自我意味着告别不切实际的、孩子般的需求，意味着无条件地被爱，不断地被追求。这与深深的痛苦、被遗弃和孤独的感觉有关。然而，女性逐渐在内心中获得了越来越多的立足点，即她将不再经常有融合共生的感觉，而是体验到内心的安全。她可以建立越来越多的面向现实的关系，并从中获得满足感。随着融合共生的消亡，新的、前所未有的爱的感觉将觉醒，其中包括一种深刻的连接体验，这种连接不仅与一个人，而是与很多人。

治疗关系中的滥用动因

虐待对自恋障碍的发展中影响很大，特别是情感暴力，在某些情况下，性暴力或身体暴力也起了很大的作用。所有上述三种虐待有同样的动因：父母的需要放在第一位，孩子必须满足他们，而不是父母满足孩子的需要。健康的抗议由于威胁、暴力、失去爱而受压制，另外，儿童依赖父母，即生存权利不平衡，因此抗议无法进行。根据心理分析家马蒂亚斯·赫希的说法，情感虐待是每次虐待经历的一部分，并且在自恋发展的背景下，补偿孩子自身的不足，有助于改善父母被冲击的自我形象。

情感剥削是指孩子必须满足成年人的情感需求，甚至积极照顾他们。我们经常发现孩子的“父母化”，即孩子必须接管父母的养育职能，而父母自己不能做或不做。父母经常受到吸毒或酗酒的影响，或因其他损伤而需要孩子的支持。情感虐待也意味着孩子变得和成年人一样，为了自己的情感利益而成为他们需要成为的样子。它用来满足父母对于自我价值、保护、安全和情感培养的自恋需求。儿童的权利被忽视，成年人的剥削行为被合理化的意识形态正当化，以致儿童变得如此不安全，无法正确地察觉到不公正。

海伦既因承担父母的职能而遭受情感剥削，又同时受到祖父的性虐待。五岁时，她就要照顾弟弟，管理家庭，因为父母经常外出工作。由于一切都“工作”得这么好，即女儿做得这么好，小女孩的行为没有受到质疑，而是被感激地接受了。女孩为了赢得父母的注意而牺牲了自己，而她从未得到足够的关注。结果是，她更加努力了。

她一直记得情感遗弃的创伤，甚至在这里可以说是情感上的忽视。一张照片中：她一岁半时，她的弟弟半岁，他们站在窗前，看到父母离开。她担心他们再也不会回来了，因为在那个年龄，一周的分离被看成是永远的。在情感上，对她来说，他们真的永远离开了。她一生中从未接触他们。后来，当她有了其他兄弟姐妹，母亲就经常在家，但她从来没有在母亲的腿上坐过，因为弟弟妹妹坐在那里。深深的恐慌、悲伤和遗弃感在她的胃里翻江倒海，她暴饮暴食时同样有这样的感觉。她的自尊是朝着这个方向塑造的：我不值得爱，无论我多么努力；这是我的问题，因为我是如此邪恶和肮脏。

母亲在两个方面松了一口气：做家务和对孩子们的照顾，因为海伦接手了。对她缺乏关心，使得母亲无法看出女儿被其祖父性侵犯，并做出相应的反应。我们有理由相信，海伦的母亲本人已经受到父亲，即这位祖父的虐待，这表现在她的“盲目”和没有能力保护自己的孩子。

性暴力和情感暴力以及身体虐待都给儿童的心灵留下了深深的创伤，并对进一步的个性发展产生了极其消极的影响。对于治疗性关系，虐待经历有以下可能的后果：

· 病人往往会倾向为每件事负责。如果这段关系出了什么问题，她会认为这是她的错。因为治疗师不可能是错的，因为她被病人认为是更好的那一个，作为权威总是正确的。

· 病人体验到自己受害者的角色，并试图更好地迎合治疗师。在治疗中，如果治疗师利用了权力不平衡，并且必须治愈病人以证明自己，则存在剥削病人的危险。必须及时发现和揭露这种自恋勾结。

· 病人会坚信自己对事物的看法无关紧要，但她必须满足治疗师的期望并接受他们的观点。如果她们的观点与治疗师的不同，她会认为自己是错的。

· 病人不会传达自己的愿望和需要，因为她认为无论如何，这些愿望和需要都不会得到满足。如果她继续这样做就会觉得很羞耻，很受伤，因为她展示了自己内心深处的东西。

· 病人会尽力做好每件事，因为这将增强她的自尊，让她感觉良好。这对她很重要，因为她从来没有过这种感觉。

· 病人有侵略性，将时不时自我伤害、自我贬低或以典型的饮食行为直接针对她自己。

· 病人往往对自己的感受和经验无话可说，这就是为什么创意媒介更适合用非语言手段表达。

· 病人倾向自我退缩，向治疗师表明不需要她。因为那样她就不必谈论她的秘密，不必责怪任何人，可以继续生活在成瘾的关系中。

· 病人将很难直接接受某样东西，而不担心为它付出一些代价或被利用，她的界限得不到尊重，她将失去控制感。

这种动因的知识对于治疗、及时发现和解决有很大的益处。

男性治疗师的角色

在男同事的监督下，与有自恋结构的女性打交道时，我总是反复体验到她们的不安全感或不适感。这可能是由于治疗师很少接触饮食失调的临床情况，但它通常发生在这种人格结构中。尽管如此，这种不适往往源于女性对男性的矛盾情绪。男性治疗师成为“所有男人”的代表，她们曾与“他”有过迄今为止最糟糕的经历。父亲的缺席、理想化或贬低造成了父亲的缺失。在矛盾中，女性一方面渴望被男人/父亲所吸引，另一方面由于有许多被拒绝的经历，她们会带着攻击性或害怕地拒绝他。

女性治疗师和病人之间也会出现类似的矛盾情绪，但性别因素激化了这种矛盾。这些女性常常试图通过调情或诱惑的行为来赢得男性治疗师的喜爱。她们想被喜欢，被赞美，被看到和被追求，也坦然强调，她们只对他展示自己的美貌，为他化妆，并让他觉得他对她们来说是非常重要的，甚至是最重要的。但是，这种建立关系的方式会导致更大距离的疏远，而不是亲密。因为女性根本上寻找的关系，与她们通过引诱行为得到的，是不一样的。她们正在寻找一个父亲的形象，一个从来没拥有过的好父亲，父亲会爱她、接受她，和她站在一起。性层面干扰和妨碍了这种密切的情感接触，但也强烈地影响这种接触，因为它是有性爱色彩的。

与引诱相关的是理想化：你是最优秀的治疗师，我是最好的病人；我做得比其他人都好，你也一样。

虽然这种相互的理想化是诱人的，但随着时间的推移，它会破坏治疗工作，因为双方都试图实现自己的理想形象。因此，他们必须隐藏所有不适合形象的东西。治疗师会隐藏不适感，隐藏不诚实，不敢不诚实，也不会制定太多的限制，或者根本没有限制，这样只是让自己成为一个理想的治疗师。病人也不会想通过失败、倒退、不满来损害自己的形象，并且会参加治疗师建议的治疗课程。迎合期望是一个咒语，但这并没有使她的问题越来越少。

除了理想化，治疗师还感受到了病人的诽谤和仇恨，这使他成为施暴者。他被疏远，患者拒绝治疗性的和友善的建议并感到失望。他就像以前被夸大一样如今被贬低。患者可能下意识地想报复她迄今为止从别的男性那里遭受的羞辱、伤害和拒绝。他只能退居二线，对自己作为治疗师应当给予支持和关怀却无能为力，而感到沮丧。然而，如果他把自己强加到积极角色上，他可能被认为像以前接触的男人一样具有侵略性。病人觉察不到自己正被关注，并可能在他的好意背后感受到侵略性。这样，他们两人都陷入了难以解决的关系模式。她不得不厌恶他，把他推开，并证实她与男性的负面感情体验。他感觉很差，因为在努力治疗中感到被拒绝了。

成功治疗的机会在于，病人遇到一个治疗师，他作为对立面存在，她不能笼络他，他对她既没有性欲望，也不必是一个她理想中的治疗师。在这种情况下才有可能解除纠缠，并铺就一条通往疗愈的道路。让病人感到自己不用非是理想化的，也不用自卑。治疗师可以自由地挑战病人原有的关系模式。这样她就知道，她对他的许多恐惧或愿望，都是自己想法的投射。

自主性

与女性自恋过程有关的基本关系冲突，反映在依赖和自主这两极。这两个极端也可以被称为归属感和独立性的需求。

发展心理学家罗伯特·基根强调，“人格发展的每一个长期过程都在两极之间反复移动，即需要归属感和环境的合二为一，另一方面又需要差异和独立”。合二为一意味着融合，即汇合。对应的对立面是分界、分化。关系是汇合和分界之间的运动，接触发生在两极之间。运动的性质既取决于当前关系的性质，也取决于个人需求和利益的发展。

如果这个运动受到干扰，就像自恋一样，那么只有一个极点是存在的，另一个极点是隐藏的。正如我在第三部分“进退两难的关系”一节中根据关系分割模型详细解释的那样，如果女性进入依赖，那么无论是在治疗关系还是私人关系中，她的反应主要是害怕，害怕失去她的身份，不再被允许做她自己。自主与害怕失落和孤独感有关，因此同样让她觉得可怕。治疗关系的机会，在于为病人提供一个稳定的关系，在关系中她们既能体验依赖和自主，又能体验亲密和距离。

自主作为改变自恋结构的重要组成部分，其意义不亚于自我塑造的自由。自主意味着能够自我决定、影响自己的生活和处理发生的情况。自主行为包括自我负责和设定目标的能力，以及识别个人愿望和需求的能力。相比之下，也存在完全依赖，即女性只有在与别人的关系中才能体验到自己：她的选择是别人的选择，她的痛苦和幸福也与别人的快乐和痛苦相关。

自主开始于治疗，在那里女性学会被允许做自己，并且仍能体验支持；被允许分开，但仍然能够返回；坚强，仍然寻求帮助；被接受，而不必放弃她的个性；代表她自己的意见，可以说“不”，而不会感觉被拒绝。因此，她可以越来越多地在自己内部找到自己行动的参考点，并停止在别人那里寻找。

我曾经问过一个刚来诊所就诊的女病人，她期望治疗能达到什么目标。她接口就说：“对自己做的事不要老是去考虑如何得到别人的认同，而是凭自己的意愿去做。在受批评时不要立即退缩，而是要从自己所做的事中寻找一些做得好的地方。我也想查明我究竟想要什么。”所有这些目标，都描述了一些自主的成熟的行为方式。

走向自主之路需要在日常生活中一步一个脚印。我常常体会到，让当事人检验自己和别人的意见是多么重要。我们举一个对自己工作的成果缺乏信心的女性的例子，她对别人会如何评价自己有许多想法。每当她对自己有消极看法时她就觉得别人也会如此，甚至可能会因为让别人失望而感到羞耻，于是不与别人交往。这样就更增强了她的恐惧感，担心自己表现很差和没有价值。

然而，她对自身的这种消极和贬低的想象常常是毫无根据的。只有当她有勇气坦率地与别人交谈，询问别人对自己的工作如何评价时，才发现自己先前的想法不正确。双方能够实事求是地交谈成功的和目前不成功的结果，这是非常有好处的。她由此学会比较真实地估计自己的成就，知道即使有缺点别人也会接纳她，不会像她对自己那样把她评价得一无是处。这是一个重要的经过纠正的经验，这种经验也可能在其他方面积累，比如对自己外貌、行为、态度和感觉的估计。

如果她与一个信赖之人经常接触交谈，那么她至少可以部分地解除对自身的怀疑、恐惧、担心。这方面最大的障碍是自己，她必须克服自己的自视清高，忍受对批评的恐惧。随着时间的推移，她会发觉她能越来越轻松地告诉别人自己的缺陷和恐惧，不需要因为羞耻而将其藏在心中。

询问他人也可弥补交往中的不安全感。许多女性认为如果别人生气或拒绝，是因为与自己有关。她如果问他发生了什么事，原因是否在于他们的关系，通过交谈，她马上能弄明白对方心情不好的原因，由于误解而发生的争吵就可以避免。

在两人的关系中自主，意味着女性成为一个有责任心的伙伴。

摆脱被人簇拥着的公主角色，共同承担关系责任，是非常有必要的。她必须告别那些特别看重赞赏和爱以及为了这些目标不择手段的旧模式。依赖性的关系模式只能一步一步地加以改变，这个过程常常需要几年的时间，直到最后她能建立一个充实的关系。只有依靠自己的力量，而不是在男友那儿寻找她的依靠和认同，她才能与他产生积极的关系。

自主也表现为能解决意见分歧，在辩论中坚持自己的观点，表达自己的感受和需要。坚持自己的观点最初肯定会造成恐惧，因为这样做，这些女性可能会受到指责和批评。

懂得划分边界也是一种自主人格。人要觉察什么地方应该停止，什么时候改弦易辙，这样就能保护自己，外界对人的影响不是无限的。构筑边界的一种办法就是说“不”。自恋女性常常尽管心里认为“不”，但口中仍说“是”，在必须说“不”的时候她总是以间接的方式来表达拒绝、对抗或退却。

我不能干脆地说“不”，因为我害怕拒绝。出于害怕而说“是”是一件非常难受的事，它一直令我讨厌，这是以强烈的自我克制为代价的。说“不”对我来说是一件很奢侈的事。如果有一次说了“不”，事后我会一直很内疚。我认为这一切与我在父母家里哪怕表露一丁点的拒绝都会失去爱的关怀有很大的关系。

说“不”会引发内疚感，因为女性不习惯设定界限。然而，她应该坚持她的“不”，因为随着时间的推移，负罪感会逐渐减小，她会自然而然划分出边界。通常，内疚甚至是自主行为的表现，因此应该积极看待。这些内疚感的产生，只能由于你自己做了什么，而不依赖别人认为你应该做什么。换句话说，一个自主的决定产生一种内疚感，表明一个人的行为是一种自我决定。与其因为内疚感而退缩，不如欢迎它成为变革道路上的好朋友。

此外，有边界也意味着对能得到的东西说“是”，去享受和接纳它。这会让你充满活力，只要得到了想要的东西就满足和满意了。

女性能够忍受分离的能力也显示了自主性。男友可以与她有不同的看法和不同的需要，她自己也可以如此。两人并不一定要完全相同，允许有不同的意见。自恋女性过去常常由于害怕而选择过分迎合，因为这比承受意见分歧的压力要容易得多。她需要对自己和男友有充分的信心，认为即使有意见分歧，仍能保持关系。

此外，自主表示自己不再是别人或外界的被动受害者，而是能对自己负责，能自己解决问题。在受害者的意识中，当别人不再理睬自己时，除了痛苦自己没有其他的选择，这样自恋者就觉得自己什么都不行，又期待着别人来帮助自己解决问题。可以通过有意识地觉得自己不是无助的，而是能自己决定要干什么来摆脱受害者的状态：我可以对别人说，他做的事令我生气。这样我与过去忍气吞声地去迁就不同了。更重要的是，让自己认识到不必成为受害者，就有可能做出新的决定和行为方式。就像科杜拉经历的：

我很愿意充当一个救世主。想要以自己的理解和方式向他人提供帮助(“我不同寻常，也很强大”)。我不认为自己是个受害者。只有私下里我体验到自己的受害者身份，我对别人有一种追求回报的想法或者一种秘密的、不明确的、无论如何都说不出口的要求。于是我极大地依赖别人。如果他们对我没有反应，我会很痛苦。我总是迁就别人，很少坚持自己的意见，因为如果我这样做，就不会成为受害者了。

诚实和坦率对病人具有重要的意义，因为它们显示了自主行为。这些女性的最大障碍是她们不信任自己是诚实的，不能把自己真实的东西展示出来，不能把自己的观点亮出来。这样，她们就与自己越来越疏远了，当然与伙伴也疏远。由于她们不能公开说出自己的愿望，只能在私下里加以操纵，提一些要求，由于有烦恼、有愤怒也不说出来，所以她们是很危险的。清晰的沟通需要清晰的信息，否则伙伴会存在幻想和假设，以致在相互接纳时产生误解。

在诚实、坦率的关系基础上，发展真正的依赖也是有可能的，但这前提是真正的自主性，这样可以防止完全放弃式的依赖。

与身体和睦相处

由于真正的自我意识（从自己对自我的意识而言）只有与对身体的意识一起才能产生，所以女性对自己的身体有一种新的积极的看法，是自主人格发展的前提条件。这种对身体的审视不仅仅是看外貌，还包括对身体的体验、感受和知觉以及与此有关的感官。身体必须有魅力、苗条和百分之百的好的观点，可以通过她身体的意识来替代。女性自恋者把她的身体降格成一种自大期望的载体，她试图完全任意地控制这一载体。我认为，由此会导致产生身体知觉障碍。如果她不生活在这个身体中，那么将如何去正确地评价它？

这导致女性几乎不感受她的身体，或者说不管什么时候总是隐藏它。她把自己隐藏在宽大的衣服后面，不在房间里走动，以免被人看到。因此，在治疗之初，我们经常要处理两个实体：病人和她的身体。我们可以明确地邀请身体，与它交谈，和它一起工作，唤醒它的生命力。方法是多种多样的。最简单的练习是呼吸，通过呼吸，病人可以感觉到她的身体。这尤其适用于被隔绝了联系的身体部位，如骨盆和胸部。如果加深这种表面呼吸，就会唤醒这些部位和与它们相关的感觉。同样，通过声音可以打开颈部区域，进一步促进语言表达。喉咙里的肿块感觉常常是被压抑的能量的标志，是一种无法表达的感情和语言形式。通过运动和自我抚摸，也可以触达身体各个部位。运动的目标不应该仅仅是“燃烧卡路里”，而更应该是为自己培养一种感觉。对许多人来说，这可以通过舞蹈、瑜伽或其他类型的身体运动来实现。为了克服虚假自我，必须重新学习通过身体进行的情绪表达。

我们不能无视身体的存在，而要有意识地去关注它。身体和消极自我评价的联系是可以被拆除的，只要女性学会更多地去知觉和感受她的身体部分，无论是喜欢的还是不喜欢的。为此，有必要多在镜子前站上一会，而不是匆匆而过。重要的是对身体充满爱，即使被自己否定的那些部分也应如此。对肚子不要从大小上去知觉，可以这样观察：它摸上去很柔软，皮肤细腻光滑。目的就是要接纳自己现在的身体，而不是只有当它处于理想状态时才接纳它。越是对身体持否定的看法，它就越达不到理想的状态，因为这样的态度肯定会阻止理想状态的出现。

为了积极改变对自己的看法，你可以做以下练习：站在镜子前，仔细观察自己。注意一下自己看起来怎样：批评？贬低？你是只看到了你不喜欢的东西，还是接受自己？这就是全部。你不必认为自己的一切都很好，也可以有改变的愿望，但你只能接受今天的自己，活在当下，而不是等到你觉得达到了理想状态再自我接受，这种状态可能永远不会发生，所以你可以从今天开始。

然而，如果你觉得在这次练习中觉察到了破坏性的自我贬低，甚至可能害怕或更多感到的是排斥自己，那么请停止练习。因为现在不是用这种方式和自己以及身体相处的好时机。这可能是一个迹象，预示着这个练习让你不堪重负，你应该获得治疗性的支持。然而，如果你设法让自己跨越一切障碍，让自己接受自己的样子，你可能会经历如释重负的感觉。

接受意味着参与现实，尊重现实，并承认：那是我。所有的争吵都会导致不愉快和拒绝。心理治疗师纳撒尼尔·布兰登总结了这个过程："接受意味着不带否认或借口，事实就是事实。在这种情况下，镜子里的脸是你的脸、身体是你的身体，它们就是它们本来的样子。"

强化身体中心在自恋中通常被忽视。为了强化身体中心，把你的手放在你的腹部下面，用这一部位呼吸，感受这个区域的触感。经常重复锻炼对你有好处，它是你的能量库，并可以正面地增强你的自我意识。更多的加强自尊的练习可能参见我的书《没有人那么容易伤害我！》和《主权和自信》。

必须拥有理想的身体才能接受它，这个话题与美的苛刻条件也有关。问问自己："什么是漂亮？""为什么你发胖了就会失去魅力？”“在这背后到底有什么问题？”与其他女性一起谈论女性气质，可以为身份认同开辟新的可能性，替代旧有呆板模式。许多女性在治疗中寻找一种她们可以遵循的新的女性榜样来定位自己。许多病人在这种理想化过程中，赋予了女治疗师所有积极的女性特征。这在治疗之初可能是有益的，但随着治疗的深入，病人必须结束这种理想化而去构筑积极的自我形象。仅仅为了能感到自己有价值而去寻找和认同外部的榜样是不够的，还应该逐渐地发现自己内在的美。

自尊和自我效能

纳撒尼尔·布兰认为，自我效能和自尊是稳定的自我价值观的基础。自我效能是指感受到自己的强大和力量，相信自己的能力。一个有自我效能的女性会相信她能有所作为，并且有安全感去面对生活。她的内心态度更多集中在成功上，而不是失败上。只有当一个女性觉得自己有能力，相信她可以产生影响，可以依靠她的技能，她才会觉得自己有价值。

即使许多自恋女性坚信，她们只有通过成就才能有生存权利和生存价值，但这并不一定是自我效能的表现。相反，对成功的过度强烈的渴望往往要求她们无论如何都必须成功，以致她基本上不信任任何东西。不然，她们为什么要让自己承受如此巨大的压力呢？这些女性是成功的，但她们不会享受这种成功，因为她们觉得自己仍然可以变得更好；她们内心深处感到没有价值，只有自己变得了不起时，才有存在的权利。

自我价值观的第二个组成部分是自尊，它包括我们的尊严和个人价值，我们的生命权和幸福权，以及我们的信念、思想、愿望和需求。通过自尊，我们形成了对自己肯定的态度。但这种态度会被“不受欢迎”这种信息长时间干扰，因为我们会怀疑自己的存在，觉得自己没有权利生存，自我伤害，甚至会有意识或无意识地危及自己的生命。在自尊中，尊重代表关注。这意味着要审视自己、照顾自己、谨慎对待自己，对自己做一些好的事情。对于许多自恋女性来说，这是心理治疗的主要目标之一。

然而，自尊又不仅仅是自我接纳，因为它本质上也是尊重他人的基础。我们的自我价值观越发展，我们就越能以尊重、友善、善意和公平对待别人，因为我们不会把他们看成是威胁。但是，如果我们害怕并感到自己毫无价值，我们将会不信任别人，这反过来又会引起对别人的攻击、贬低和侮辱。因此，健康的自我价值观不仅仅是一种良好的生活态度，它是我们生活的基础，如果没有它，人的功能发展会受到阻碍。

然而，成熟的自我价值观既不是灵丹妙药，也不是万能处方。我们不能脱离外部的生活环境和可能性，也不能脱离智力、能力和性情等个人能力而生存。自我价值观不是自我实现的保证，而是我们幸福的必要条件。

“自我价值观是我们对自己建立的看法。”布兰登这样描述道，因为它影响了我们对自己的行为。稳定的自我价值观表现在，能够照顾好自己，知道什么能帮助一个人，知道人们需要什么，以及如何去实现它。要做到这一点，人们需要找到真正的自我、自己的需求和强项。

一旦女性克服了内心对感知某些事物的禁止，接触就能相对迅速地建立起来。如果她能自我感知和自我承认，她很快就会接触到自己的愿望和感受：我有权感受到我的感觉，并成为自己。这种权利对于自恋女性来说至关重要。

自我意识通过积极的反馈和赞美而增加，这是许多自恋女性难以接受的。一个女性自恋者试图取悦尽可能多的人，但当别人承认她时，她却不相信这是真的。她产生的第一个反应是别人在贬低她："他根本不知道我是怎样一个人，否则他就不会这样说了。"于是，积极的反馈也被认为是在贬低她，就像消极的反馈一样。只有真正接受他人的认可才能察觉到与此有关的真实感受，激发快乐和感激之情。在日常生活中必须要学会的一种实用的做法是，当有人赞扬或肯定你的时候，你只要简单地说声"谢谢"就行了。这种感激能阻止听到赞扬后立即会产生的自我贬低，它有助于女性接受这种赞扬，也给出一定的时间让人思考一下自己确实做得很好的地方。"收集金叶子"是另一种让女性注意到自己现在很成功的途径。由于理想太远大，所以只要没有取得非常了不起的成功，许多积极的想法和行为都不会被察觉到。收集金叶子就是每晚临睡前至少要列举当天做得很好的、你喜欢自己的事，你所经历的美好。这增强了人们观察自己身上和生活中美好事物的能力，增强了自己的自尊。

此外，从旧有的、消极的观念、禁令、戒律中解脱出来，也是自我接纳的一种。这些东西从儿童时代就已在大脑中建立，至今一直作为理想的观念，就像一件束缚性的紧身衣，迫使当事人做出更多更好的成就来。抛弃这种理想的观念，对许多有女性自恋的女性来说，意味着一种极大的不安全性，因为她们正是通过这种完美主义的观念来补偿内心的不稳定性。诸如“我可以犯错”或“我可以是平庸之辈”之类的宽慰之词，对于告别理想化可能是有益的。听到这些话，这些女性会觉察到自己经常处于压力下的痛苦。于是，她们就开始在更多的时间里不驱使自己去做这做那，而是给自己以更多的平静，让自己休养生息，而这一切过去通常只在度假时才能享受到。但另一方面，她们也必须放弃自大。“如果你不是十全十美将会怎么样”的问题，会直接导致她们产生自己不值得爱或者甚至连生存资格都没有的感觉。允许你自己做自己，然后你可以对他人敞开心扉，为自己而战。这句话对许多人有帮助：“做我自己很好。”它意味着一种内心贬低和必须与众不同的压力的代替。随着时间的推移，这句话会成为思考的一部分，并朝着积极方向影响着自尊。

如果旧的伤害被安抚，对自己、对自己的身体和其他人的态度发生了积极的变化，女性就会越来越强烈地想向别人展示她真实的自我。此时，对外的面具的重要性降低，这有利于其内心世界的发展。

女性变得更柔软、更女性化，不再负重前行，而是更开放地接触。内心上，她更稳定、更自主，即使在压力很大的情况下，她也能够清晰地思考。她培养了与他人亲密接触的欲望，并带着信任参与到关系中。她们的积极自我接纳体现在自我重视和自我接受上。

自我观察和自我同情

我们通过自我观察——一种内向的感知，获得了真正的自我。与此同时，我们自我参与，向内感受自己，并允许所有的感情和感觉存在。我们不纠正任何事情，不期望任何东西，只注意那是什么。这种对待自己的态度是自我同情的基础。在女性自恋的情况下，必须加强这一点，因为自我批评和自我优化在自恋系统中具有优先地位。没有什么可以保持现在这个状态，而是必须完美和不断被改进，身体和精神都不被自恋女性接受。这导致了对自己的贬低和评判的态度，以及为了追求更好而让自己压力重重。然而，这并没有让她们获得内心的满足和幸福感，反而导致了长期的不满和自我批评。为了丢掉自恋的面具，自恋女性需要自我同情，包括自我感知和自我理解。想变得与众不同对此毫无帮助，做自己才能起到帮助作用，其他的一切都造成了紧张和恐惧，使我们变得僵硬。自我同情意味着用理解和支持对待自己，即使在拒绝或错误的情况下也善待自己。这种态度与自恋性的自我贬低完全相反。自我同情表现在向自己敞开心扉和欣赏我们作为人的个性。

因此，自我同情意味着我们可以做自己，让自己成为好人。用爱、关注和尊重来对待自己。这是通过了解自己的个性和特殊性、接受我们作为人类的弱点和给予自己支持来完成的。自爱和关注表现在自我照顾、平静、安慰、鼓励和安全感，以及对他人期望和要求保持界限上。

尝试做一个小的动作：抚摸你自己的脸！你会注意到你对自己的态度正在改变。用满满的爱对待自己，整个人就会变得柔软。

当我们自我同情时，我们不仅充满爱地接受自己，而且在情感上向别人敞开心扉。

我这辈子第一次能够告诉妈妈我爱她。这深深地感动了我，使我非常柔软和亲和。一想到这，我还是会忍不住流泪！这真好。

如果我们被允许不受惩罚地体验自己的感情和愿望，那么我们将在拥有独立性的同时，不再害怕失去爱，面具就会变得多余。然后，我们就会遇到真正的自我，通过呼吸感受到自己是生气勃勃的，感受支撑着我们的地面，感受到对自己和对他人的爱。

WEIBLICHER NARZISSMUS

附录

圣母的孩子

在一个大树林的前边，住着一位伐木人和他的妻子，他们只有一个孩子，这小女孩才3岁。他们很穷，穷得每天连面包都没有，不知道该给孩子吃什么。有一天早晨，这位伐木人心事重重地走出家门，到树林里去干活儿。他砍柴时，忽然有一位美丽的高个儿妇人出现在他面前，她头上戴着一个镶满闪闪发亮小星星的皇冠。这妇人对伐木人说："我是圣母玛利亚，是耶稣的母亲。你又穷又可怜，把你的孩子给我吧，我带她走，做她的母亲，照顾她。"伐木人听从了她的话，把他的孩子带来交给了圣母玛利亚，于是她带着小女孩升到天上去。小女孩在天上生活得很愉快，吃的是糕饼，喝的是甜牛奶，穿着用金子做的衣服，还有小天使和她一块儿玩。

一转眼她已经14岁了，有一天圣母玛利亚把她叫到面前对她说："乖孩子，我打算出远门去，这儿有13把天堂门的钥匙交给你保管，其中12道门你可以打开，进去观赏一下里面的美丽景色，可是第13把，也就是这最小的一把钥匙，你不能用；你要小心，千万别开第13道门，否则会大祸临头的。"小女孩满口答应。圣母玛利亚走了以后，她就参观起天堂里的房子来。她每天打开一道门，就这样12道门都看了一遍。在每一道门里边，都坐着一个被强烈的光芒照耀着的耶稣门徒。小女孩看到天堂里那些富丽堂皇的陈设和壮观的景色，心里觉得喜滋滋的，一直陪伴她观看的小天使们也和她一样，感到十分快活。这时候只剩下那道禁止进入的门了。小女孩兴致勃勃，很想知道这第13道门里面的情况，于是她对小天使说："我并不想把它全部打开，也不想进去，只是想开一点点缝儿，稍微看一看就行了。"

"哦，不行，"小天使们说，"这是罪过，圣母玛利亚不允许这么做，不然的话，你很有可能会大祸临头。"这时小女孩不吭声了，可是她心里的这个欲望并没有平息，反而折磨得她更厉害，怎么也摆脱不了，一刻也不能安宁。有一天，当小天使们都出去了，她想："现在只剩我一个人了，可以朝那门缝里面张望一下了，我这样做谁也不会知道的。"她找出那把钥匙，握在手里，和开前12道门一样地把它插进了锁里；当她插进去后，也同往常一样转动了一下。这时那门砰的一声便开了，她看到圣女、圣子和圣灵端坐在火焰和光芒之中。她呆呆地站了一会儿，非常惊奇地观看着眼前的一切，然后用手指轻轻地抚摩了一下那道光芒，手指顿时都变成金色的了。她忽然感到很害怕，猛地把门关上就跑开了。尽管她仍然十分害怕，但还想再回到那里去看看。她的心猛烈地跳着，怎么也安定不下来；金子也仍然沾在手指上，她想用水洗掉，想办法擦掉，但怎么也去不掉。

没多久，圣母玛利亚出远门回来了。她把小女孩叫到跟前，向她要回了天堂上的钥匙。小女孩在递上那串钥匙的时候，圣母玛利亚紧盯着她看，一边问道："你没开过那第13道门吧？""没开过。"小女孩回答说。这时圣母玛利亚把手放到小女孩的心口上，她的心在扑通直跳，于是她便意识到小女孩已经违反了她的禁令，开过那道门了。接着她又问了一遍："你真的没开过吗？""没有。"小女孩又说了一遍。

这时，圣母玛利亚一眼看到小女孩那只抚摩了天堂火焰而变成了金色的手指，发现她已经染上了罪孽，于是她第三次问道："你没开过那道门吗？""没开过。"小女孩也第三次这样回答说。圣母玛利亚说："你没有听我的话，还要说谎，你不配再在天堂里待下去了。"

于是，小女孩便沉睡了。当她醒来时，她已经躺在地上，躺在一片荒野中间了。她想呼喊，可是怎么也喊不出声来。她一骨碌爬起来，想撒开腿奔跑，可是无论朝哪个方向跑，都有茂密的带棘刺的灌木丛挡住去路，这些灌木丛她无法通过。正当小女孩被困在荒凉的野地里，走投无路时，她发现了一棵苍老的空心树，这棵树就毫无疑问地成了她的住房。天黑了她就钻进树洞，在里面睡觉；刮风下雨了，她就在里面躲一下。这真是一种悲惨的生活。每当她想起她在天上过的美好日子和天使同她一块儿玩的情景时，就禁不住伤心地哭起来。

草根和树上的浆果成了她唯一的粮食，她尽量到较远的地方去寻找这些东西。秋天，她采集树上掉下来的坚果和树叶，把它们带到树洞里，到了冬天，坚果就成了她的食物；大雪纷飞，天寒地冻时，她就像一只可怜的小动物似的栖息在树叶中，这样就不至于冻死了。没多久，她的衣服就开始破了，一块一块的布条从身上掉下来。一旦太阳暖洋洋地照在大地上，小女孩就走出树洞，坐在大树前；她那长长的头发像个斗篷似的披满了身体。就这样一年又一年地过去了，她尝遍了世间的辛酸和痛苦。

有一天，当树木重新吐出翠绿的树叶时，这个国家的国王外出打猎，为追逐一只小鹿来到了这片森林里。小鹿逃进了围着森林空地的那片灌木丛中不见了，国王便下了马，拨开茂密的灌木丛，用他的剑砍出一条路来，当他终于穿过灌木丛时，看到大树底下坐着一位非常美丽的姑娘，她坐在那里，一头金灿灿的秀发一直披到脚跟。国王呆呆地站着，非常惊讶地打量着她，然后他开口对姑娘说道："你是谁？为什么坐在这荒凉的野地里？"可是国王并没有得到答复，因为女孩已经不能说话了。国王接着又说："你想跟我一道到宫殿里去吗？"女孩只是微微点了点头。国王抱起她，把她放到马背上，带着她回去了。国王一回到王宫，就吩咐给她穿上漂亮的衣服，给她的东西是应有尽有。尽管她不能说话，可是她的美貌和妩媚足以使国王打心底里喜欢她，所以没过多长时间，国王就和她结婚了。

大概过了一年，王后生了一个男孩。分娩后的这天夜里，她独自一人躺在床上，这时圣母玛利亚出现在她的面前，对她说道：“如果你想说真话，承认你开过那道禁止开的门，那么我就愿意让你重新开口说话；如果你执迷不悟，否认到底，那么我就把你刚生下来的孩子带走。”这时王后暂时能够说话回答了，可是她仍然十分固执，说：“不，我没有开过那道门。”于是，圣母玛利亚就从她怀里抱过新生儿，带着他消失了。第二天早上，当人们找不到孩子时，便窃窃私语起来，说王后大概是一个吃人的妖怪，她把自己亲生孩子吃掉了。这些传闻她都听到了，对此无言以对；可是国王说什么也不相信这事儿，因为他太爱她了。

一年以后，王后又生了一个男孩。这天夜里，圣母玛利亚又来到了她的房间里，对她说道：“如果你愿意承认你开过那道禁止打开的门，那么我就把孩子还给你，并且使你开口说话；如果你执迷不悟，继续否认的话，那么我把你这个刚生的孩子也带走。”王后又重复道：“不，我没有开过那道禁止打开的门。”于是，圣母从她怀里夺过孩子，带着他升到天上去了。第二天，当这个孩子又失踪时，人们就大声议论起来，说王后把孩子吞食了，国王的大臣们也纷纷请求要把王后处死。可是国王却非常爱她，根本不相信这事儿，并且下命令说，谁再猜测格杀勿论，后来就再也没人谈论这件事了。第三年，王后生了一个漂亮的女孩，这时圣母玛利亚第3次在夜间出现了，她说："跟我走。"她牵着王后的手，带她来到天上，把她的两个大孩子指给她看，两个孩子冲着她笑，一边在玩地球仪。正当王后对此暗暗高兴时，圣母玛利亚说道："你的心难道还没有软下来吗？如果你承认你开过那道门，那么我就把你的这两个儿子还给你。"可是，王后却第3次回答说："不，我没有开过那道禁止开的门。"这样圣母又使她降到了地上，并抱走她第3个孩子。

第二天早上，这事儿又传开了，大家都直嚷嚷："王后是个吃人的妖怪，一定要处死她。"国王这次再也不能拒绝大臣们的建议了，对她进行了一场审判，由于她不能回答和为自己辩护，就判处把她放在柴堆上烧死。木柴已经堆好了，她被牢牢地绑在一根柱子上，四周的火已经燃烧起来，这时高傲的铁石心肠熔化了，她内心悔恨不已，暗自思忖道："我要是在临死之前承认我开过那道门就好了。"这时，她的喉咙里有了声音，她大声喊了起来："是啊，玛利亚，我开过那道门！"刹那间，天上下起雨来，浇灭了熊熊的火焰，她头顶上闪现一道光亮，接着圣母玛利亚从天而降，她的身体两边分别是王后的两个儿子，刚生下来的女儿则在她的怀抱里。圣母和蔼地对她说："悔过自新的人会得到原谅。"说完，她把3个孩子还给了王后，然后使她开口说话，并且给她一生创造了幸福的生活。